Stefan Kiechle

Sieben Todsünden

Ignatianische Impulse
Herausgegeben von Igna Kramp CJ, Stefan Kiechle SJ und Stefan Hofmann SJ
Band 96

Ignatianische Impulse gründen in der Spiritualität des Ignatius von Loyola. Diese wird heute von vielen Menschen neu entdeckt.

Ignatianische Impulse greifen aktuelle und existentielle Fragen wie auch umstrittene Themen auf. Weltoffen und konkret, lebensnah und nach vorne gerichtet, gut lesbar und persönlich anregend sprechen sie suchende Menschen an und helfen ihnen, das alltägliche Leben spirituell zu deuten und zu gestalten.

Ignatianische Impulse werden begleitet durch den Jesuitenorden, der von Ignatius gegründet wurde. Ihre Themen orientieren sich an dem, was Jesuiten heute als ihre Leitlinien gewählt haben: Christlicher Glaube – soziale Gerechtigkeit – interreligiöser Dialog – moderne Kultur.

Stefan Kiechle

Sieben Todsünden

echter

Hans Baldung Grien (1484/85–1545):
Die sieben Todsünden (Holzschnitt).
Abbildung: Staatliche Kunsthalle Karlsruhe.

Inhalt

1. Zum Beginn: Sünde heute?

Das Thema scheint unendlich fern zu sein: Ja, im Mittelalter hatten die Menschen Sündenängste, und die Kirche redete sie ihnen ein. Heute empfindet sich niemand mehr als Sünderin oder Sünder, und selbst die Kirche traut sich kaum mehr, von der Sünde zu reden. Man hat auch keine Schuldgefühle, wenn man etwa gegen bürgerliche Verhaltensnormen verstößt. Jegliches Moralisieren in der Pädagogik oder in der Katechese gilt als unerträglich. Gott ist kein Wächter über die Sünde, der zornig wird bei Verfehlungen und dann rächt und straft. Gott ist barmherzig mit den Schwächen der Menschen. Er verzeiht und heilt, baut auf und hilft, liebt. In unserer Religion und Gesellschaft habe, so sagen viele, die Sünde definitiv keinen Platz mehr. Kein Mensch spricht mehr über sie. Doch stimmt das?

Schon im allgemeinen Sprachgebrauch gibt es sehr wohl den »Verkehrssünder«, den »Umweltsünder« und den »Steuersünder«; übrigens gendert man hier kaum. Es gibt die Kaloriensünde und die – natürlich völlig unverzeihliche – Modesünde, es gibt die Flugscham, die Tiere-essen-Scham und das *Bodyshaming*. Bei Skandalen aller Art zeigt man gerne mit dem Finger auf die Übeltäter: bei Steuerbetrug und bei Machtmissbrauch, ganz besonders bei sexuellen Übergriffen und bei deren Vertuschung. Es gibt also doch eine Moral, die heftig eingefordert wird, in mancher Hinsicht wohl strenger als in der guten alten Zeit. Es gibt einen durchaus neuen Moralismus im öffentlichen Bewerten anderer. Sünden werden gesehen und benannt, bewertet und abgestraft.

Wer die Zeitung liest oder im Internet surft, sieht sofort: Es gibt das Böse, es gibt Egoismus und Gier, es gibt Lüge und Hochmut, es gibt Autoritarismus und Verletzung von Menschenrechten, es gibt Machtstreben und Ausbeutung, es gibt Sklaverei und Mord – es gibt die Sünde, und sie schädigt Menschen unendlich. Lange schien das Sexuelle von der Liste gestrichen zu sein, aber seit einigen Jahren ist es wieder drauf, mit den Übergriffen gegen Kinder und Jugendliche und auch gegen erwachsene Frauen und Männer, allerdings mehr als Machtmissbrauch und Gewalt denn als Verletzung eines Verbots, Sexualität zu leben. Wie schwer sexuelle Gewalt Betroffene beschädigt, an Seele und Leib, wurde lange nicht gesehen; heute ist dies, dafür sollte man auch dankbar sein, endlich präsent.

Was ist Sünde? Durch sein Verhalten schädigt jemand: sich selbst, eine oder einen anderen, eine Gruppe oder ein Volk oder die Menschheit. Sünde ist ein Beziehungsgeschehen. Aus Gier rafft jemand unrechtmäßig etwas an sich: Er will mehr haben oder mehr sein, als ihm zusteht. Mit Macht, auf Kosten und gegen die Würde anderer und gegen die Gerechtigkeit nimmt er, was ihm nicht gehört – er bricht Regeln. Meist verschleiert er die Sünde mit Lüge.

Sünde verdirbt die göttliche Schöpfung, die ja gut und gerecht sein soll – daher betrifft sie Gott und ist eine Störung der Beziehung zu Gott. Die Sprache verwendet dann »Sünde«, wenn eine Verfehlung in der Perspektive der Gottesbeziehung gesehen wird. Auch die säkulare Rede vom »Steuersünder« oder vom »Umweltsünder« meint eine Verfehlung gegen das Gemeinwohl und damit eine Störung der Weltordnung, die der Sprechende in irgendeinem Winkel seines Herzens vermutlich doch noch – zugegeben oder

nicht – ein wenig als gottgegeben und heilig ansieht. »Heilig« wäre übrigens zur Sünde der Gegenbegriff: Jemand oder etwas ist durchdrungen von Gott, von seiner Kraft und seiner Wahrheit, von seiner Güte und seiner Weisheit, von seiner Gerechtigkeit und seinem Frieden, von seinem Trost und seinem Geist.
Sünde ist Verfehlung des Ziels: Das Ziel des Menschen ist – auch ignatianisch gedeutet – die Ehre Gottes. Nun ist die Ehre Gottes der lebendige Mensch; so sagt schon im zweiten Jahrhundert der Kirchenvater Irenäus von Lyon. Sünde beschädigt menschliches Leben und damit Gottes Schöpfung und Ehre. »Verfehlung« (eines Zieles) ist übrigens eine wörtliche Annäherung an das griechische Wort (*harmartía*) und ähnlich an das hebräische Wort (*chata'a/chat'at* im Tanach) für Sünde.

Sünde ist Seinwollen wie Gott: Der Sünder will so reich und mächtig und groß werden, wie Gott reich und mächtig und groß ist. Wer sündigt, leugnet nicht Gott, sondern er will sich mit ihm messen, will ebenbürtig neben ihm stehen, sucht seine Nähe. Er verleugnet, dass er als Geschöpf kleiner und ärmer ist als Gott, ihm fern und begrenzt und endlich. Er leugnet die Grenzen seiner Geschöpflichkeit und ebenso seine Gottebenbildlichkeit; denn er ist zwar Abbild, aber eben nicht Urbild. Er will sich zum Schöpfer seiner selbst machen. Heute will Künstliche Intelligenz menschliche Fähigkeiten erweitern und – wo sie einen quasi-religiösen und totalen Anspruch erhebt – vergöttlichen; ein solcher »Transhumanismus« wird unter dieser Rücksicht sündhaft.
Sünde wirft die Gottesfrage auf: Wo ist er? Warum lässt er Böses zu? Warum schuf er nicht eine sündenfreie Welt? Warum schützt er seine gute Schöpfung

nicht gegen böse Übergriffe? Warum greift er nicht ein? Wann und wie überwindet er die Sünde?[1]
Jede und jeder waren und sind irgendwann unehrlich oder stolz oder egoistisch. Jeder Mensch hat seine Sündengeschichte: Alle waren einmal Täter ihrer Sünde, alle waren einmal Opfer der Sünde anderer – und auch ihrer eigenen. Die Sünde prägt und verändert uns, ob wir das sehen wollen oder nicht. Eine Wurzel aller Sünde ist sicherlich die Angst: Wir haben Angst, zu kurz zu kommen, etwas oder uns selbst zu verlieren, abzustürzen; Angst zu verarmen oder zu vereinsamen oder zu sterben. Wir wollen den Tod nicht akzeptieren und arbeiten daher am Absichern unseres Lebens. Die Sünde anzuschauen und zu bekämpfen, hilft uns, freier zu werden, zu vertrauen und zu leben. Gott bestimmte bei der Erschaffung der Welt, dass der Mensch ihm ähnlich sei, also frei und vertrauend und lebendig. Freilich werden wir Gott nur ähnlich, wenn wir nicht sein wollen wie Gott, sondern in aller Begrenztheit leben, mit Gott und in Gott.

2. Sünde bei Ignatius von Loyola

Wer das Exerzitienbuch aufschlägt, nimmt gleich wahr, dass Ignatius[2], nach einigen Vorbemerkungen und einem kurzen Einleitungstext, in der »ersten Woche« fast nur von Sünde spricht. Tagelang soll die Exerzitantin[3] in mehrfach wiederholten Übungen die Sünde der Welt und die Sünden ihres Lebens anschauen und sie bereuen. Ganz selbstverständlich spricht Ignatius von Sünde und gibt nie eine Definition oder Erklärung darüber – offensichtlich weiß zu seiner Zeit die Leserschaft, was gemeint ist. Erscheint uns das nicht als zu dick aufgetragen? Wirkt Ignatius da nicht etwas fixiert, hoffnungslos einseitig? Bei heutigen Exerzitienkursen wird man so sicherlich nicht einsteigen. Sehen wir zuerst kurz, wie das Thema in der Lebensgeschichte des Ignatius aufscheint.

»Bis zum Alter von 26 Jahren war er ein den Eitelkeiten der Welt ergebener Mensch (*dado a las vanidades del mundo*) …, mit einem großen und eitlen Verlangen, Ehre zu gewinnen (*con un grande y vano deseo de ganar honra*)« (BP 1)[4] – so beschrieb Ignatius seine Jugend im Rückblick. Wichtige Motive dessen, was er später unter Sünde verstand, sind angedeutet: die Leere/Eitelkeit der Welt und das ebenso leere/eitle Verlangen nach Ehre oder Ruhm. Nach seiner inneren Umkehr in Loyola legte Ignatius auf dem Montserrat eine Lebensbeichte ab, in der er versuchte, all seine Jugendsünden zu überwinden – was aber so schnell kaum gelingen kann. In der darauffolgenden Wüstenzeit in Manresa quälte er sich lange mit seiner Sündenlast ab und verstrickte sich in Skrupeln – das sind Sündenängste wegen eingebildeter, nicht wirklicher Sünden. Kein extremes Fasten, kein täglich siebenstündiges Beten auf den Knien, kein ständig wiederholtes Beichten halfen ihm aus seinen Skrupeln und Suizidphantasien heraus. Erst nach Monaten entdeckte er wie durch ein Wunder, dass »Gott unser Herr ihn um seiner Barmherzigkeit willen« schon befreit hatte (BP 25), und er war aus seiner Qual befreit. Dennoch blieb in seiner persönlichen Spiritualität das Thema Sünde sein ganzes Leben lang wichtig: Er erforschte häufig sein Gewissen, bat immer wieder um Vergebung, wollte sein Verhalten ändern, und in den Exerzitien gab er der Thematik großen Raum. Ignatius blieb eine Person, so wird er heute gedeutet, mit deutlich zwanghaften und narzisstischen Anteilen – allerdings muss man mit diesen psychologischen Urteilen zurückhaltend sein; der Abstand der Jahrhunderte und der ganz anderen Kultur ist zu groß. In Ignatius' Jugend war diese Kultur wohl klar »sündhaft«: materialistisch und ehrgeizig, machohaft und sexuell übergriffig, auch gewalttätig. Später erlebte er seine Sünde subtiler, vergeistigter – er empfand sie immer stark. In der spirituellen Kultur der Zeit[5] war das Bewusstsein der Sünde allgegenwärtig.

Sünde besteht für Ignatius dann, wenn der für Gutes geschaffene Mensch seinen »ungeordneten Anhänglichkeiten« nachgibt (EB 1)[6] und damit aus egoistischen Motiven Unordnung, Böses, Schaden schafft. Er nutzt die ihm anvertrauten Mittel nicht für gute Ziele, sondern für solche, die ihn von seinem Ziel, Gott zu dienen und ihn zu ehren, wegführen (EB 23). In der »ersten Woche«[7] betrachtet der Exerzitant die Sünden der Welt und der Menschen und schließlich seine persönlichen Sünden. Er bittet um Scham und Verwirrung, um Schmerzen und Tränen wegen seiner

Sünden. In tiefer Reue bittet er um Erbarmen und Vergebung. Er führt ein »Gespräch« – persönliches Gebet – mit Christus, der am Kreuz hängt und für seine Sünden stirbt (EB 53f.); von dort her kommen für ihn Vergebung und Erlösung. In einer Lebensbeichte lässt er sich auch sakramental diese Vergebung zusprechen. Am Ende der »ersten Woche« sieht er sich gleichsam als geliebten Sünder: Ein Leben lang ist er und bleibt er Sünder, aber zugleich ist er in Gottes erbarmender Liebe so umfassend geborgen, dass die Sünde nicht mehr zählt und nicht mehr wirkt.

In der »zweiten Woche« der Exerzitien betrachtet die Exerzitantin in der Übung von den zwei Bannern (136ff.), wie Luzifer, der »Anführer der Feinde«, die Menschen zur Sünde verführt. Er geht in drei Stufen vor: zuerst mit der Begierde nach Reichtum, dann mit der nach »eitler Ehre der Welt«, dann mit der nach »gesteigertem Hochmut« (142). Ehre ist das Ansehen bei den Menschen, Hochmut mehr eine geistliche Untugend: sich von Gott besonders erwählt und begnadet und daher den Dingen der Welt enthoben zu wissen. Dagegen angehend, will die Exerzitantin bei Christus sein und ihm dienen: Er bewegt sie in einem parallelen Dreischritt zur Tugend der Armut, zum Ertragen von Schmähungen und zur Demut (146).

In der »dritten Woche« schaut der Exerzitant nochmals auf den Gekreuzigten und seinen Leidensweg. Christus nimmt wegen seiner Sünden das Kreuz auf sich (EB 193) und befreit ihn durch seine Lebenshingabe von aller Schuld. Schon in der »ersten Woche« zeigte sich Gott im Gekreuzigten solidarisch mit ihm *als Täter* seiner Sünden, hier in der »dritten Woche« zeigt er sich darüber hinaus auch solidarisch mit ihm *als Opfer* der Sünden anderer. So erfährt er Vergebung seiner Schuld *und* Heilung seiner Wunden. Befreit kann er seinen Lebensweg mit Christus und in dessen Dienst gehen.

Bei den Regeln der »Unterscheidung der Geister« schreibt Ignatius über die Sünden: Wer »von Todsünde zu Todsünde« geht, sich also in eine Spirale des Bösen verstrickt hat, wird das Wirken der beiden Geister so erleben: Der böse arbeitet über die Sinnlichkeit, d.h., er verführt die Exerzitantin mit sinnlichen Phantasien und Vergnügen, um sie »in ihren Lastern zu erhalten und zu mehren«; der gute arbeitet über ihre Vernunft, mit Gewissensbissen und Einsichten über die Schlechtigkeit ihres Tuns (EB 314), um sie von ihren Lastern abzubringen. Offensichtlich sind doch die Sinne das Eingangstor der Sünde, hier sind wir Menschen gefährdet und schwach. Über die Sinne geht der böse Geist später voran zu den mehr geistigen Sünden, zur Ehrsucht und zum Hochmut. Folgerichtig gehen die Geister bei Menschen, »die dabei sind, sich von ihren Sünden zu reinigen«, die also umgekehrt sich in einer Spirale der Umkehr und der Neuausrichtung bewegen, ebenfalls umgekehrt vor: Der böse Geist versucht, die Exerzitantin über – natürlich falsche – Gewisseneinsprüche und Rationalisierungen zu seinen Zielen zu bringen, der gute hingegen will mit »Mut und Kräften, Tröstungen, Tränen, Eingebungen und Ruhe« – also mit eher emotional-sinnlichen Erfahrungen – die Exerzitantin auf ihrem guten Weg stärken und leiten (EB 315, 329, 335). Und noch ein wichtiger Hinweis: Wer über seine Sünden Schmerzen empfindet und Tränen vergießt, ist nicht trostlos, sondern er erhält in dieser Erfahrung göttlichen Trost – weil er dabei ist, sich von Sünden zu reinigen, und weil in allem Schmerz dieser innere Prozess von Gott gewirkt ist: tröstend und heilsam, befreiend und rettend (EB 316).

Was versteht Ignatius unter »Sünde«? Wie gesagt, eine Definition oder klare Umschreibung gibt er nicht. Nach Ignatius erfährt man durchaus im Vollzug des geistlichen Weges, was die Sünde bedeutet, eher emotional, eher nonverbal, eher dann, wenn man schon dabei ist, sich von ihr abzukehren. »Sünde« hat für ihn zuerst mit Gott und mit Kommunikation/Mitteilung zu tun – diese ist für Ignatius Liebe (EB 231). In diesem Sinn meint »Sünde« für ihn »ein Hindernis oder ein Zurückweisen der Kommunikation, der persönlichen Beziehung mit Gott«[8], also der Liebe.

Sünde ist für Ignatius in ihrer Wurzel Undank: »dass unter allen vorstellbaren Übeln und Sünden die Undankbarkeit eines der vor unserem Schöpfer und Herrn und vor den Geschöpfen … am meisten zu verabscheuenden Dinge ist, weil sie Nichtanerkennung der empfangenen Güter, Gnaden und Gaben ist, Ursache, Ursprung und Beginn aller Sünden und aller Übel«[9]. Im Dank anerkennen wir die materiellen und die geistigen Güter, die wir bekommen haben, als von Gott empfangene; zugleich vermeiden wir, unser Herz an sie zu hängen und sie ungeordnet zu begehren – Wurzel und Beginn aller Sünde.

Die sieben Todsünden kommen ausdrücklich in den Exerzitien nur wenig vor – Exerzitanten jener Zeit wussten sie vermutlich auswendig. In der »ersten Weise des Gebets« (EB 238ff., vgl. 18) werden sie wie eine Liste erwähnt, die der Exerzitant meditativ durchbetet und mit deren Hilfe er sein Gewissen erforscht. Parallel dazu soll er die »sieben Tugenden« ansehen, um mit deren Hilfe sich von den Sünden abzukehren (245).

Dieses Buch verfolgt ein ähnliches Ziel: Die sieben Todsünden zu betrachten, möge der Leserin helfen, ihr Leben anzuschauen, die Vergebung Gottes für ihre Sünden zu erfahren, sich von allem abzukehren, was ungeordnet und sündhaft ist, ihr Leben zu reformieren – mit der Hilfe des Geistes und in der Barmherzigkeit Gottes. Wenn sie dabei nicht nur ernst und hoffentlich nicht ängstlich oder gar verbissen vorangeht, sondern mit einer gewissen Leichtigkeit und auch mit einem Schuss Selbstironie und Humor, umso besser. Den Teufel, der uns mit seinen Schlichen zur Sünde verführen will, zu enttarnen und dann auszulachen, ist meist die wirkungsvollere Strategie, als ihn mit Strenge und Willenskraft niederringen zu wollen.

Im nachfolgenden Durchgang durch die sieben Todsünden wurde eine Reihenfolge gewählt, die von der traditionellen etwas abweicht und sich – nach dem Exerzitienbuch – an den drei Stufen der Zwei-Banner-Betrachtung orientiert: Zuerst *Reichtum*, also die drei mehr sinnlichen Todsünden Völlerei, Wollust und Geiz; dann *Ehre*, also die vier mehr geistigen Todsünden Zorn, Neid, Überdruss und Ehrsucht; schließlich *Hochmut* als die Ursünde oder Wurzel aller Sündhaftigkeit. Übrigens wird Jesus in der Wüste vom Teufel in einem ähnlichen Dreischritt in Versuchung geführt (Lk 4,1-12 usw.): zuerst die Brot-Versuchung – sie steht für alles Sinnliche und Materielle; dann die Macht-Versuchung – das mehr Geistige und Soziale; schließlich die Hochmut-Versuchung – das vor allem Religiöse: Man wähnt sich von Engeln getragen und dadurch allen Gefahren enthoben.

3. Die sieben Todsünden und ihre Geschichte

Warum *Tod*sünde? Der Begriff spielt in der Moraltheologie seit Jahrhunderten eine große Rolle. Er meint »jene Grundentscheidung od. Zieländerung … , die in einer voll zu verantwortenden, frei bejahten schweren Verfehlung (*materia gravis*) vom Menschen gefällt wird, die aber auch in einer zuinnerst erkannten u. bejahten sittl. wie relig. Gleichgültigkeit vorliegen kann«[10]. Drei Kriterien sind also entscheidend: die *Schwere* der Tat, das *Wissen* um die Sündhaftigkeit der Tat, das freie Ja zur Tat, also die *böse Absicht* – alle drei führen zur vollen Verantwortung für die Todsünde. Wo eines oder mehrere dieser Kriterien nicht oder nur eingeschränkt erfüllt sind, handelt es sich um »lässliche«, also minderschwere Sünde. Schwere Sünde heißt »Todsünde«, weil sie gleichsam zu einem moralischen Tod der Seele führt und weil sie nach klassischer Lehre, wenn sie nicht vergeben wird, zum ewigen Tod führt. Wenn Ignatius »Sünde« schreibt, meint er im Wesentlichen diese schwere oder Tod-Sünde.

Heute weiß man aufgrund soziologischer, psychologischer und anderer Erkenntnisse, dass die Ursachen für menschliches Fehlverhalten komplexer und differenzierter sind. Die Kriterien für »Todsünde« sind daher weniger klar, als sie erscheinen. Etwa die »freie« Bejahung oder Absicht zur Sünde ist oft schwer feststellbar.[11] Auch die »Schwere« ist nicht etwas, das wir Menschen so einfach beurteilen könnten, und erst recht nicht die Frage der ewigen Verdammnis. »Todsünde« wird daher zu Recht kaum mehr verwendet.

Schon ob ein konkretes Verhalten »Sünde« ist, sollte man, obwohl es hierfür auch objektive Kriterien gibt, eher mit Vorsicht und Zurückhaltung sagen, in Bezug auf sich selbst und noch mehr in Bezug auf andere. Ignatianische Spiritualität würde hier wie meistens deutlich die individuelle und subjektive Seite betonen[12]: Wer sein Verhalten selbst als sündhaft empfindet und beurteilt, wer Schuldgefühle hat und unter ihnen leidet, wird seine Tat als Sünde ansehen, sie bereuen und von Gott Vergebung für sie erbitten – ein schmerzhafter und im Schmerz heilsamer und befreiender Weg. Die entscheidende Instanz hierfür ist das eigene Gewissen. Selbstverständlich soll man dieses bilden – ein Leben lang – und außerdem in einer guten geistlichen und/oder psychologischen Begleitung Rat und Hilfe suchen. Damit können die beiden Extreme vermieden werden: keinerlei Schuldgefühle zu haben bei doch deutlich erkennbarer Schuld; oder Skrupel zu empfinden, also zu viele Schuldgefühle da, wo keine oder eingeschränkte Schuld ist.

Im Titel dieses Buches steht dennoch »Todsünde«, weil dieser Begriff, zusammen mit der Zahl Sieben, aus der Tradition geprägt und eingeführt ist. Die unten behandelten »Todsünden« stehen hier vor allem für egoistische und schädliche Grundhaltungen, die oft tief in der Seele verankert sind und immer wieder zu konkretem Fehlverhalten führen. Eigentliche Umkehr spielt immer im Zwischenbereich von *Haltungen*, also mehr oder weniger verborgenen seelischen Ausrichtungen und Mustern einerseits und konkreten, einzeln benennbaren sündigen *Taten* andererseits. Indem man einzelne sündige Handlungen wahrnimmt, kommt man auf die hinter ihnen verborgenen Haltungen, und indem man bei sich Fehlhaltungen ent-

deckt, erkennt man die daraus entstehenden Sündentaten.
Zahlreiche Sündenkataloge finden sich schon in der Bibel und in deren Umwelt. Paulus listet in Gal 5,19f. einen ganz schrecklichen Katalog von Sünden (»Werke des Fleisches«) auf, den er allerdings gleich durch einen entsprechend schönen Katalog von Tugenden ergänzt (»Frucht des Geistes«). Nach dem Matthäusevangelium sagt Jesus, dass Unreinheit keineswegs aus der Nichterfüllung äußerlicher Reinheitsrituale entsteht, sondern »aus dem Herzen«, und auch er listet einige nicht ganz so schrecklich klingende Unreinheiten auf (Mt 15,19). Mehr Kataloge ließen sich finden, und man könnte sie ausführlich analysieren.
Von »acht Gedanken« (*logismoi*) oder auch »Leidenschaften« schreibt erstmals der östliche Kirchenvater Evagrios Pontikos († 399) – damit beginnt die direkte Vorgeschichte unserer »sieben Todsünden«. Er adressiert sich an Wüstenmönche und benennt für sie diese acht: Fresslust (*gastrimargia*, eigentlich »entfesselter Magen«), Unzucht (*porneia*), Geldgier (*philargyria*), Kummer (*lupê*), Zorn (*orgê*), Überdruss (*akedia*), eitle Ruhmsucht (*kenodoxia*) und Hochmut (*hyperêphania*).[13] Evagrios erklärt die acht Leidenschaften in kurzen, spruchartigen Sentenzen. Vorher schreibt er: »Mit den Weltlingen streiten die Dämonen mehr durch die Dinge, mit den Mönchen hingegen zumeist durch die Gedanken, denn der Dinge entbehren sie ja wegen der Einsamkeit. Um wie viel leichter ist es, in Gedanken statt in Taten zu sündigen, um so viel ist auch der im Geist ausgetragene Kampf schwieriger als der durch die Dinge stattfindende. Denn der Intellekt ist ein leicht bewegliches Ding und schwer zu zügeln (in Richtung) auf gesetzlose Vorstellungen.«[14] Eva-

grios schreibt einfühlsam und gibt Hinweise, wie man die Gedanken bekämpft. Er ist damit zu einem ersten »Meister der ›Unterscheidung der Geister‹ geworden«[15].

Johannes Cassian († um 425) bringt die Spiritualität der östlichen Wüstenväter in die Westkirche, so auch die Liste der acht »Hauptlaster« (*principalia vitia*). Beim Übersetzen ins Lateinische verändert er teilweise ihre Bezeichnung und die Reihenfolge. In den folgenden Jahrhunderten wird das immer wieder geschehen.

Gregor der Große († 604) gibt dem Hochmut (*superbia*) eine Sonderstellung und bezeichnet ihn als die allen Sünden zugrunde liegende Wurzel; damit etabliert er die Siebenzahl der Todsünden, eben ergänzt durch die zu Beginn oder am Ende angefügte achte Ursünde des Hochmuts – diese Tradition bleibt bis heute. Auch entfernt er den Überdruss (*acedia*) und führt stattdessen den Neid (*invidia*) ein – für einige Zeit bleibt die Liste so.

Thomas von Aquin († 1274) fügt den Überdruss wieder ein, anstelle der Traurigkeit (*tristitia*). Seine Liste bleibt maßgebend, sie ist auch hier, in anderer Reihenfolge, grundgelegt: Hochmut (*superbia*) als Grundsünde, dann die sieben: Ehrsucht (*inanis gloria*), Neid (*invidia*), Überdruss (*accidia*), Zorn (*ira*), Geiz (*avaritia*), Völlerei (*gula*), Wollust (*luxuria*).[16]

In den Ausführungen zu einzelnen Todsünden möchte ich immer mit dem Hinweis auf einige Schriftstellen beginnen (1), dann einige Texte von Kirchenvätern und aus der Tradition bringen (2), weiterhin aus ignatianischer Tradition einiges anfügen (3), schließlich für heute einiges anregen (4) und mit einem Blick auf korrespondierende ignatianische Tugenden schließen (5). Die überreichen Schätze der 3000-jährigen biblischen und kirchlichen Tradition kann ich immer nur in einer bescheidenen und bisweilen wohl etwas zufällig wirkenden Auswahl aufgreifen.

4. Die erste Todsünde: *gula* – die Völlerei

Wer ist noch nie der Völlerei erlegen? Mit tausend Entschuldigungen? Und hatte danach ein ganz fürchterliches Magendrücken? Und ein miserables Gewissen? Und den Vorsatz: »Nie wieder!«? Aber wir müssen doch essen! Und Feste feiern! Für uns reiche Menschen gilt: Manche können kaum essen und kämpfen gegen Untergewicht; die große Mehrheit hingegen kämpft gegen das Zuviel und muss ständig eine nur allzu natürliche Regung in sich unterdrücken. Wie ist das mit der Völlerei?

In der Bibel. Der reiche Prasser ist in feines Leinen gekleidet und lebt Tag für Tag herrlich und in Freuden (Lk 16,19). Vermutlich ist das »herrlich und in Freuden« nicht ironisch gemeint, sondern ganz wohlwollend: Das Leben kann und darf er genießen – in der Bibel ist das keine Sünde. Dass er jedoch sein Festmahl nicht mit Lazarus teilt, der hungrig vor seiner Tür liegt, wird ihm zur Sünde, für die er nach seinem Tod in der Unterwelt büßen muss; Lazarus hingegen – nur er hat in der Erzählung einen Namen – liegt in Abrahams Schoß, Inbegriff des Wohlergehens. Sündhaft ist nicht das genussreiche Essen, sondern die mangelnde soziale Sensibilität: Der Reiche weigert sich, mit dem Armen zu teilen, und bricht damit ein zentrales Gebot Gottes. Er ist ignorant für die Not anderer und somit egoistisch. Dennoch lässt sich diese Beispielerzählung auch für die Reflexion über die *gula* nutzen: Wessen Geist vom Genuss besetzt ist, der wird blind für das Leid anderer und verschließt sich in sich selbst – gerade das allzu reiche Essen hat eine solch ermüdende, die Augen verschließende Wirkung.

Die Bibel kennt Feste und Festmähler ohne Reue. Jesus lässt sich oft einladen und muss sich als »Fresser und Säufer« beschimpfen lassen (Mt 11,19). Verurteilt die Bibel die Völlerei gar nicht? Neben einigen Anspielungen in der Weisheitsliteratur sind vor allem zwei Aussagen von Paulus bekannt: Im Römerbrief warnt er vor Leuten, die »im Widerspruch zu der Lehre, die ihr gelernt habt, Spaltung und Verwirrung verursachen … Diese Leute dienen nicht Christus, unserem Herrn, sondern ihrem Bauch …« (Röm 16,17f.). Im Philipperbrief schreibt er, noch deutlicher, über die »Feinde des Kreuzes Christi: Ihr Ende ist das Verderben, ihr Gott der Bauch« (Phil 3,18f.). Wer den Bauch übermäßig pflegt, das unmäßige Verlangen nach Genuss ständig stillt, sich durch Befriedigung der Esslust von Empathie und sozialem Einsatz abhalten lässt und dadurch Gott vergisst, der macht seinen Bauch zum Götzen und verehrt diesen Götzen statt den einen wahren Gott.

In der Tradition. Evagrios Pontikos schreibt: »Völlerei ist die Mutter der Wollust, Nahrung für teuflische Gedanken, Faulheit im Fasten, Hindernis für die Askese, Schrecken für jede Moral, Phantasterei übers Essen, überstürztes Würzen, ein zügelloses Fohlen, wilde Ekstase, Nährboden für Krankheiten, Neid auf Gesundheit, Verstopfung der Körperkanäle, Stöhnen der Gedärme, extremer Frevel, Kamerad der Lust, Verschmutzung des Geistes, Schwächung des Körpers, gestörter Schlaf und düsterer Tod.«[17] Warum gefällt uns diese Beschreibung spontan? Weil sie chaotisch ist und wild, exzessiv und destruktiv – wie die Völlerei selbst.

Mönchsväter schreiben für Mönche, die harte Askese und strenges Fasten praktizierten. Die Väter prangern kaum das zu reiche Essen an – in der Wüste gibt es das kaum –, sondern eher die scheinbaren Vernunftgründe, mit denen, viel subtiler, der Teufel den Mönch vom Fasten abhält: Rationalisierungen, mit denen man seine Unmäßigkeit vor sich und vor anderen rechtfertigt, wirken bei sinnlichen Sünden besonders stark. Und die Autoren prangern die Folgen der Völlerei an: Der übersatte Mönch schläft schnell ein, er kann nicht beten, und er verfällt anderen Lastern wie Geldgier oder sexueller Ausschweifung. Für die Väter ist Völlerei vor allem dadurch Sünde, dass sie andere Sünden nach sich zieht.

Johannes Klimakos († Anfang 7. Jh.) weist in seinem Buch von der Himmelsleiter (»Klimax«) darauf hin, dass die Völlerei sich oft mit der Ruhmsucht streitet: »Nicht selten liegen die Eitelkeit und die Essgier in Feindschaft miteinander und feilschen um den elenden Mönch wie um einen Sklaven. Die eine drängt darauf, das Fasten zu brechen, die andere will dafür die Tugend herumzeigen.«[18] Wer zu viel isst, wird von anderen schlecht angesehen, verzichtet also zugunsten seines Genusses auf Anerkennung – Eitelkeit ist ein höchst aktuelles und durchaus ambivalentes Motiv, auf Essen zu verzichten.

Im Gegensatz zu anderen Todsünden ist Essen ja notwendig, um zu überleben. Deswegen kann und soll man diese »Sünde« nie ganz überwinden, sondern im Essen das rechte Maß finden, mit Liebe zum Leib. Cassian formuliert so: »Das rechte Maß von Fasten und Enthaltsamkeit besteht lediglich im Maß des

Weglassens und im Verzicht.«[19] Der ständige Kampf um das *relative* Nein macht es besonders mühsam, dieses Laster zu überwinden, und das rechte Maß ist individuell verschieden und immer wieder neu zu erringen.

Ein theologischer Gedanke der Kirchenväter: Als erste Sünde der Menschheitsgeschichte aßen im Paradies Adam und Eva die verbotene Frucht; Jesus, der neue Adam, wurde zu Beginn seines öffentlichen Wirkens in die Wüste geführt und dort vom Teufel zuerst mit Brot in Versuchung geführt. Das verkehrte Essen steht also am Ursprung der Sünde; die Zurückweisung der Ess-Versuchung – während des freiwilligen Fastens – steht am Anfang der Erlösung. Biblisch ist auch bemerkenswert, dass die Fülle des Gottesreichs immer wieder mit Festmählern dargestellt wird. Die Eucharistie als irdischer Mahlritus symbolisiert das himmlische Festmahl; das eucharistische Mahl ist zwar bescheiden und nüchtern, also das Gegenteil der Völlerei, aber in seiner Ärmlichkeit zugleich festlich und – wenigstens im Vorausblick, sichtbar den Augen des Glaubens – göttlich glänzend.

Francine Prose schreibt – mit Bezug auf Gregor den Großen – über die Völlerei: »zu früh, zu erlesen, zu viel, zu gierig, zu teuer«[20]: Der der Völlerei erlegene Mönch hält sich nicht an Essenszeiten, sondern nascht schon vorher, er beschäftigt sich zu sehr mit der Verfeinerung der Speisen, er überlädt den Magen, er schlingt zu schnell, und er verschleudert Geld. Prose fasst die alte Lehre zusammen: »Die Sünde der Völlerei war eine Gratwanderung, aber der Grat bestand weniger in exzessivem Konsum als vielmehr in exzessivem Appetit, Begehren und Aufmerksamkeit: in der Fixierung auf Essen, im Vergnügen, das der Geschmack bereitet, im selbstauferlegten Schmerz des Hungerns und insbesondere in der Tatsache, dass all diese miteinander verwandten Fixierungen die Aufmerksamkeit von den wichtigeren und dringenderen Bedürfnissen der Seele und des Geistes ablenkten.«[21]

Bei Ignatius. Ignatius sprach nach allen Zeugnissen, die wir von ihm oder über ihn haben, nie direkt über die Völlerei, eher schon mal über dessen Gegenteil, das Fasten. Nach einer nächtlichen Marien-Vision auf dem Krankenlager in Loyola empfand er Abscheu vor seinem früheren Leben und vor den »Sünden des Fleisches«, so dass er ab diesem Tag sein Leben lang nie mehr eine »Zustimmung zu Dingen des Fleisches« gab (BP 10); damit meint er wahrscheinlich sexuelle Versuchungen – ob er die Völlerei einschloss? Sein späteres strenges Fasten lässt vermuten, dass er sich auch in dieser Frage als Sünder sah. In Manresa fastete er monatelang, teilweise in überzogener Form. Nur sonntags aß er etwas Fleisch und trank ein wenig Wein (BP 19) – im Spanien jener Zeit wohl eine unerhörte Askese. Um seine Skrupel zu bekämpfen, trat er schließlich in eine Art Hungerstreik – erst ganz kurz vor dem Tod hätte er ihn abgebrochen. Allerdings befahl ihm sein Beichtvater frühzeitig, dieses exzessive Fasten abzubrechen – durch die kirchliche Autorität musste Ignatius über das rechte Maß belehrt werden (BP 24f.).
Im Spätmittelalter und in der Renaissance waren ausufernde Ess- und Trinkgelage in höheren Kreisen sehr verbreitet. Die Orden hatten meist genaue Fastenregeln, um Exzesse zu verhindern, um den Mitgliedern das rechte Maß aufzuerlegen und natürlich auch, um

Buße zu tun. Ignatius legte diesbezüglich für seine Jesuiten nichts fest – was bei manchen seiner Gegner Ärger erregte oder auch als willkommene Gelegenheit genutzt wurde, Anstoß zu nehmen und den neuartigen Orden als lax zu diffamieren. Ignatius schreibt in den Satzungen des Ordens: »… man solle ihnen (d.h. den fest eingegliederten Jesuiten) in Bezug auf das Gebet, die Betrachtung und das Studium sowie die leiblichen Übungen in Fasten, Wachen und sonstigen Härten und Bußübungen keine andere Regel geben, als welche die kluge Liebe ihnen geböte, wofern nur stets der Beichtvater und, im Zweifel darüber, was angebracht ist, auch der Obere unterrichtet werden« (Sa 582[22]). Im Gesamt des geistlichen und aszetischen Lebens gibt der Ordensgründer keine Regeln, sondern als Korrektiv genügt die »kluge Liebe« (*discreta charidad*) – ein ignatianischer Grundbegriff: das durch Geisterunterscheidung geformte und gebildete Wohlwollen. Als kleines äußeres Korrektiv führt Ignatius dennoch den Beichtvater und den Oberen an – er kennt die Schwächen seiner Mitbrüder nur zu gut.

Exerzitien sind als Ganzes dazu da, »über sich selbst zu siegen und sein Leben zu ordnen, ohne sich durch irgendeine Anhänglichkeit bestimmen zu lassen, die ungeordnet ist« (EB 21). Völlerei ist eben Unordnung im Essen, und vom »Anhängen« daran – *afección*: ein sinnlich-emotionales Begehren, ja Kleben – soll man sich »nicht bestimmen« lassen. Ignatius ist hier – das ist er nicht überall – so klug zu wissen, dass die Exerzitantin solches Anhängen sich nicht einfach aus dem Leib reißen kann, sondern im spirituellen Leben schon recht weit fortgeschritten ist, wenn sie im Verhalten diesem Begehren gegenüber einigermaßen frei ist. Exerzitien helfen zu diesem Weg der Befreiung.

Das Fasten und alle anderen Übungen sind dafür ein Mittel – nie sind sie ein Ziel in sich selbst.
Auch wenn die Völlerei im Exerzitienbuch nicht vorkommt, fügt Ignatius etwas unvermittelt am Ende der »dritten Woche« einige Regeln ein, »um sich künftighin beim Essen zu ordnen« (EB 210ff.). Er wendet sich gegen die Verfeinerung der Speisen, denn Feines erregt mehr Appetit. Wer fastet, nimmt etwas »vom Angebrachten« weg, aber nicht, um sich zu schädigen, sondern um, wenn er eine Zeitlang stark verzichtet, »die Mitte zu erreichen«. Ziel ist zum einen, freier zu werden für innere Erkenntnisse und Tröstungen, also für die Begegnung mit Gott, für gleichsam mystisches Erleben, zum anderen zu lernen, wie viel Nahrung der Leib wirklich braucht. Während des Essens soll man nicht zu viel ans Essen denken, sondern an Jesus Christus oder an die Heiligen – um *señor de sí,* »Herr über sich« zu werden, sowohl in der Menge wie in der Weise des Essens. Der Exerzitant dient also seinem »Herrn«, indem er »Herr« über diese Affekte und Gedanken wird, sie kontrolliert und steuert. Schließlich: Wenn man gerade satt ist, soll man die Ration der nächsten Mahlzeit festlegen – und von dem getroffenen Vorsatz später nicht abweichen. Ignatius' Vorschläge klingen recht modern und praktikabel und hilfreich, aber wir wissen heute, dass sie bei schwerer »Unordnung« im Essen sicher nicht ausreichen – es braucht dafür psychologisch verankerte und oft auch professionelle Hilfe.

In der Gegenwart. Heute wird die Völlerei in aller Regel nicht als Sünde verstanden, die die Gnade Gottes und vielleicht gar das ewige Leben verwirken würde. Völlerei ist mehr die Unbeherrschtheit im Essen, die vor allem drei Probleme nach sich zieht: Sie macht dick und hässlich – folglich wird man gesellschaftlich geächtet, hat größere Mühe, eine Arbeit oder einen Partner/eine Partnerin zu finden, fühlt sich ausgegrenzt oder minderwertig. Außerdem schädigt die Völlerei die Gesundheit – Übergewicht beansprucht übermäßig die Gelenke und das Herz, es kann Diabetes oder Krebs verursachen und so zu schwerem Leiden, zu Arbeitsunfähigkeit, zu verfrühtem Tod führen. Schließlich ist Völlerei ökonomisch und ökologisch verwerflich – sie kostet große Summen den Einzelnen und die Volkswirtschaft und schädigt durch übergroßen Lebensmittelverbrauch das Klima. Völlerei wird heute daher als moralische Schwäche gesehen; kaum irgendwo wird so stark moralisiert wie bei Übergewicht – anderswo ist Moralisieren verpönt. Außerdem gilt sie als Krankheit – nicht nur Bulimie (Ess-Brech-Sucht) und Binge Eating (Fressattacken) sind Essstörungen, auch Anorexie (Magersucht) ist eine gleichsam ins Gegenteil verdrehte Völlerei.

Viele Menschen sind aufs Essen fixiert: Entweder stopfen sie stetig zu viel in sich hinein, oft Chips und Burger, Schokolade und Cola – zu süß, zu fett, zu salzig. Oder sie erliegen dem Schlankheitswahn unserer Kultur, zählen ständig Kalorien und hungern sich krank. Wieder andere laufen der permanenten Verfeinerung nach, belagern Luxusgeschäfte und reißen sich um Termine im Edel-Restaurant. Irgendwie alles *too much* – warum ist gerade das Essen so stark mit ungeordnet-heftigen Emotionen behaftet, neigt so sehr zum Exzess in dieser oder jener Richtung, erschwert so sehr, das rechte Maß zu finden?

Eine gnadenlose Lebensmittelindustrie nutzt diese emotionale Schwäche des Menschen aus: mit minderwertiger und gesundheitsschädlicher Produktion, mit schreiendem Marketing, mit brutaler Tierhaltung und riesigen Öko-Schäden, mit Vernichtung von Kleinbauern in der Dritten Welt – und sie macht Milliardengewinne damit. Andere Industrien pflegen den Schlankheitswahn: die Mode- und die Wellnessindustrie, die Schönheits-Chirurgie und die sozialen Medien. Liegen nicht hier die größeren Sünden als bei der individuellen Fehlernährung? Warum schafft es die Weltgemeinschaft nicht, Lebensmittel gerecht zu verteilen, so dass niemand hungert, aber auch niemand im Zuviel erstickt? Um die »Völlerei« heute zu überwinden, gehört der kluge Konsum dazu, von Lebensmitteln und von anderen Industrieprodukten: nachhaltig und regional, fair gehandelt und ökologisch sensibel, zugleich genussvoll und maßvoll.

Warum sollten wir die Völlerei, auch wenn sie kaum mehr als Sünde gesehen wird, heute dennoch als solche sehen? Wer zu viel – oder auch zu wenig – isst, wer ungeordnet und maßlos isst, schädigt Gottes gute Schöpfung: seinen eigenen Leib, der krank wird und nicht mehr für Gutes einsetzbar ist, seine Seele, die durch Essphantasien und Fixierungen von Wichtigerem abgelenkt wird, die Umwelt durch massive ökologische Schäden, arme Menschen, die Opfer schädlicher Lebensmittelproduktion und ungerechter Verteilung sind.

Völlerei ist vielleicht eine besonders tiefsitzende und weit verbreitete Todsünde. In ihrer modern säkularen Form wird sie, eben auf säkulare Weise, vielfach erkannt und reflektiert und behandelt. Doch schon die Mönchsväter wussten, dass Fehlverhalten im Essen viel mit der Gottesbeziehung zu tun hat. Am rechten Essverhalten zu arbeiten, bleibt für Einzelne und für

Gemeinschaften eine Herausforderung nicht zuletzt des spirituellen Lebens.
Gibt es auch eine »spirituelle« Völlerei – das Französische hat dafür den schönen Ausdruck der *gourmandise spirituelle*[23]? Gemeint ist eine Art geistlicher Gier nach Tröstungen, Erkenntnissen, vielleicht auch nach Sakramenten oder nach Ekstasen, Visionen usw. Man will nur genießen: für sich, unmäßig, egoistisch. Man betet Gott nicht an, sondern instrumentalisiert ihn für seine spirituelle Wellness. Spirituelle Völlerei ist eine Egozentrik der Affektivität – das Soziale, das Dienen, die immer zu christlicher Spiritualität gehören, werden weggeblendet. Sie kann auch zu geistlichem Hochmut führen: »Ich bin besonders begnadet und geistlich reif, bekomme mehr Gnaden, mehr als Du. Ich habe besondere Ausstrahlung. Du musst meiner geistlichen Weisung folgen …«. Selig, wer vor diesem Irrweg bewahrt wird.

Tugenden. Nun wäre das Gegenteil zur Völlerei das *Fasten* – dazu wurde oben schon einiges gesagt; Ignatius übte es vielfach. Als Gegenteil könnte man auch das rechte Maß bezeichnen – aber das gilt für fast alle Todsünden. Ignatianisch wäre als zur Völlerei korrespondierende Tugend wohl auch die *Armut* anzuführen:
Armut ist bei Ignatius ein komplexes Thema. Nur wenige Hinweise: Wer damals als Passagier mit einem Schiff fuhr, nahm in der Regel einen Vorrat an Zwieback mit, denn auf dem Schiff gab es keine Verpflegung. Ignatius wollte für die Überfahrt von Spanien nach Italien nichts mitnehmen – um in Armut zu leben und ganz auf Gott zu vertrauen. Vorwerfen kann man ihm, er wollte eben bei den Mitreisenden Zwie-

back schnorren. Vor der Abfahrt des Schiffes verlangte jedoch der Kapitän, dass er welchen mitnehme, und sein Beichtvater ermutigte ihn dazu (BP 35f.). Aber bleiben wir bei seiner sicher ehrlich gemeinten Motivation: Er wollte einüben, auf Gott zu vertrauen, der ihn ernähren und führen und aus aller Not und Gefahr retten werde. Essen ist viel mit Verlust- und Hungerängsten verbunden: Wir wollen nicht zu kurz kommen, legen Vorräte an, und wenn ein Nahrungsmittel knapp zu werden droht, machen wir Hamsterkäufe. Oft essen wir, um innere Armut und Leere zuzudecken. Wer, um die Völlerei zu bekämpfen, arm lebt, hängt sein Herz nicht an Irdisches; er macht sich angstfrei, er teilt mit anderen – und vertraut. Vielleicht haben ja alle Todsünden ihren Grund in mangelndem Vertrauen und Glauben.

5. Die zweite Todsünde: *luxuria* – die Wollust

Die Wollust ist, vermutlich mehr noch als die Völlerei, mit Ängsten und mit Scham besetzt, mit Tabus und mit Heimlichkeit, mit Phantasien und mit Projektionen, selbstverständlich auch mit Neugier, mit Lustgefühlen, mit Freude ... Bleiben wir vorrangig bei der sexuellen Wollust[24] – auch wenn man den Begriff weiter verstehen darf und gelegentlich auch das Umfeld der Sexualität zur Sprache kommen wird. »Wollust« kann man bestimmen als »das enthusiastische Begehren, das Verlangen des Körpers nach sexueller Aktivität und ihren Freuden um ihrer selbst willen«[25]. In christlicher Perspektive hat Wollust auch mit der Morallehre, mit Verboten und deren Übertretung usw. und mit heutigen Fragen der Neuordnung dieser Lehre zu tun. Strittig geworden ist, was in der Sexualität Sünde ist und was nicht und ob darin überhaupt etwas als sündhaft anzusehen ist. Andererseits hat die Entdeckung sexualisierter Gewalt neu gezeigt, dass es in diesem Bereich durchaus ganz schreckliche Sünde gibt. Das Feld ist vermint, leicht rührt man an Verletzungen, und sprachlich muss man vorsichtig vorangehen – versuchen wir es.

In der Bibel. Im Buch Daniel (Dan 13) entbrennen die beiden Ältesten in Begierde nach der schönen Susanna. Sie lauern ihr auf, als sie alleine badet, und setzen sie unter Druck, sich ihnen hinzugeben. Susanna schreit um Hilfe und kann den Missbrauch verhindern, aber die beiden Ältesten verleumden sie vor Gericht, um sich reinzuwaschen und für sie die Todesstrafe zu erwirken. Gerade noch rechtzeitig kann der Prophet Daniel das falsche Spiel der Alten entlarven. Die Szene zeigt archetypisch die Wollust alter Männer gegenüber einer jungen Frau und den perfiden Zwang, den sie auszuüben versuchen. Die Geschichte ist ein Spiegel aller sündhaften Übergriffigkeit, von der #MeToo-Bewegung immer wieder aufgegriffen. In der Kunstgeschichte wurde die Szene häufig und meist stark erotisierend dargestellt – durch den biblischen Bezug hatte man eine Gelegenheit zur sonst verpönten Aktmalerei und bediente nicht nur das Verlangen nach dem Schönen, sondern auch den Voyeurismus des Publikums.

König David, der sich nachts auf dem Dach seines Palastes ergeht, sieht die schöne Batseba, die Frau seines Nachbarn Urija, beim Baden (2 Sam 11). Er lässt sie holen und schläft mit ihr. Sie wird von ihm schwanger. David ruft Urija, damit er zu seiner Frau gehe und das Kind dann als seines gelte. Urija riecht Lunte und geht nicht zu seiner Frau. David ändert nun seine Strategie, und er lässt – um Batseba für immer zu kriegen – im Krieg Urija so an die vorderste Front stellen, dass er im Kampf gleich getötet wird. Nachdem Batseba um ihren Mann getrauert hat, nimmt David sie zur Frau. Diese Szene zeigt nicht nur platte Wollust, die der König hemmungslos auslebt, nicht nur perfiden Patriarchalismus – die Frau wird zu des Königs Begierde herbeigeholt und von ihm »genommen« –, sondern auch krassen politischen Machtmissbrauch: Um seiner Lust willen lässt der König den Ehemann brutal beseitigen. Später führt der Prophet Natan dem König sein Verbrechen vor Augen – gegenüber der sexuellen Verfehlung erscheint der Mord als das noch größere Verbrechen. Ein dunkler Schatten bleibt auf dem Königtum Davids und auf seinem Stamm hängen für alle Zeiten. Die Geschichte zeigt die Folgen hemmungsloser Wollust und den engen Zusammenhang zu Macht und Gewalt.

Als die Pharisäer eine Frau, die auf frischer Tat beim Ehebruch ertappt wurde, zu Jesus schleppen und ihn fragen, ob man diese, wie im Gesetz vorgesehen, steinigen solle, weicht Jesus zunächst aus, stellt dann die Pharisäer als Sünder bloß und sagt schließlich zur Frau, er verurteile sie nicht, sie solle aber künftig nicht mehr sündigen (Joh 8,1-11). Auch hier der Patriarchalismus: Wie selbstverständlich wird die Frau angeklagt, nicht der Mann, der – in damaliger Kultur vermutlich der Aktivere – mit ihr schlief. War sie überhaupt schuldig, also »Sünderin«? Jesus entlarvt die Hypokrisie der Männer. Über die Frau will er eben nicht urteilen, allerdings ermahnt er sie, künftig die Sünde – soweit sie Anteil daran hat und soweit ihr als Frau das möglich ist – zu vermeiden. Wer die Ehe bricht, stört – aus Wollust und vielleicht zusätzlich aus anderen Motiven – eine feste soziale Bindung, die eigene und/oder die fremde. Mann und Frau – eben beide – müssen Verantwortung dafür übernehmen. Und: Pharisäisch urteilen oder verurteilen darf man – auch im Bewusstsein eigener Sünden – niemanden. Schließlich: Vergebung ist immer möglich.

In der Tradition. Die Kirchen- und Mönchsväter schreiben ihre Texte vor allem für Mönche, die ja Keuschheit versprochen haben. Insofern geht es ihnen nicht um ein geordnetes sexuelles Leben, sondern um völlige Enthaltsamkeit. Wollust ist in dieser Perspektive immer sündhaft, weil sie vom Mönchsleben und vom Gebet wegführt. Hinzu kommt, dass Leiblichkeit und Sexualität bei vielen der Väter generell abgewertet werden. Hier spielen geistige Strömungen, die nicht biblisch, also weder jüdisch noch christlich sind, eine starke Rolle: Sie beeinflussen die frühen Asketen dahin, alles Sexuelle als unrein, schmutzig und von bösen Geistern bestimmt anzusehen – ein Rigorismus und ein Menschenbild, die, vereinfacht gesagt, der Heiligen Schrift widersprechen und für heute kein Maßstab sein können. Etwa schreibt Evagrios Ponticos, Frauen seien Verführerinnen, die die Seele vergiften; der Mönch solle sie in jedem Fall meiden, auch die Gedanken an sie.[26]

Aber die Väter zeigen auch Wichtiges: Wollust findet zunächst und sehr stark in Gedanken und Phantasien statt. Wollust geschieht ebenso in der begehrenden und erregenden Vorausschau des sexuellen Aktes wie im Akt selbst. Um den sündigen Anteil der Wollust zu bekämpfen, ist daher der Umgang mit Gedanken und Bildern zentral. Dafür spielen Erinnerungen an frühere sexuelle Erfahrungen und ebenso sexualisierte Bildwelten – heute allverfügbar – eine große Rolle. Gerade im Schweigen und in der Leere der Wüste kommen dem Mönch massiv die sexuellen Bilder in den Sinn: Sie lenken ihn ab, zerstreuen ihn, erregen ihn, werden ihm zur Plage. Heute kann im Schweigen der Exerzitien Ähnliches geschehen: Starke sinnliche Bilder und die dadurch erregte, wenn auch meist nicht gewollte Wollust lenken von aufbauenden, ja heiligen Bildern und Gedanken ab. Der böse Feind findet hier ein leichtes Einfallstor, um von Gott wegzulenken, wobei die Lust selbstverständlich nicht in sich sündhaft ist, sondern nur, insofern sie – oft anonymisiert und einsam – von geistlichen Wegen wegführt.

Bei Ignatius. In seiner Jugend, so nimmt man an, war Ignatius sexuell aktiv. Von ihm selbst gibt es dazu nur Andeutungen, weitere Quellen gibt es nicht; auch die Kultur seiner Zeit legt diese Vermutung nahe. In Arevalo könnte er Vater einer María de Loyola geworden sein, aber auch das ist keine sichere Information, sondern Vermutung – die einigen Interpreten offensichtlich gefällt und daher gerne von ihnen verbreitet wird. In seinem späteren strengen und teilweise skrupulösen Kampf gegen Sünden dürften sexuelle Versuchungen eine große Rolle gespielt haben. Die schon zitierte Aussage, er habe »nie mehr eine Zustimmung zu Dingen des Fleisches« gegeben (BP 10), bezieht sich sicherlich auch auf Sexuelles. Auch in Texten für den Orden spricht er kaum je von Wollust oder von sexuellen Sünden – offensichtlich war für ihn klar, dass die Jesuiten sich davon zu enthalten haben und wie dieses geht.

In der Gegenwart. In katholischer moraltheologischer Tradition war die Wollust – zumindest im Mainstream und vielleicht mit einer Ausnahme: wenn sie in ehelicher Liebe erlebt wurde – grundsätzlich als Todsünde angesehen: als verwerflich, schmutzig, unrein. Heutige Lebenskultur verfällt öfters ins andere Extrem: Sexuelle Aktivität und die damit verbundene Wollust sind grundsätzlich gut und erstrebenswert, sie machen das Leben lebendig und freudig, sie haben keinen Zusammenhang mit Moral, und ohne sie würden die Psyche oder auch der Leib verkümmern. Wo ist der rechte Mittelweg zwischen den Extremen? Inwiefern kann man christlich an der Wollust als Todsünde festhalten? Vielleicht so:

Wollust ist da gut und heilig, wo sie Ausdruck wirklicher Liebe zweier Menschen ist: personal und individuell, frei und hingebungsvoll, exklusiv und auf Dauer angelegt, mit seelischer und leiblicher Intimität. Wollust ist da sündhaft, wo sie anonym und apersonal die andere Person benutzt, wo sie die Begegnung auf Triebabfuhr reduziert, wo sie Liebe nicht ernst meint, sondern heuchelt, wo sie andere oder sich selbst schädigt, wo sie kein Austausch von Liebe ist, sondern ein einseitiges Kriegen, wo sie sich mit Macht etwas nimmt, was ihr nicht zusteht, wo Starke Schwache ausnutzen. Die Erfahrung des vielfältigen Machtmissbrauchs in der Kirche hat in den letzten Jahren erschreckend gezeigt, dass Wollust sehr wohl zur Sünde führen kann. Sexualisierte Gewalt – sei sie psychische oder physische Gewalt – ist nicht das einzige Feld, aber sicherlich ein Tiefpunkt sündhafter Wollust.

Tugenden. Die der Wollust entsprechende Tugend ist die *Keuschheit*. Aber auch hier würde man in alte katholische Denkschemata zurückfallen, wenn man die Keuschheit als sexuelle Enthaltsamkeit verstände und grundsätzlich als den besseren und allein tugendhaften Weg ansähe, wohingegen die Wollust und damit fast alles Sexuelle, wie gesehen, als grundsätzlich verwerflich und sündhaft bewertet würde. Wie kann man heute die Keuschheit als zur *sündhaften* Wollust korrespondierende Tugend verstehen?

Keuschheit meint im ursprünglichen, weiteren Sinn die liebevoll-freilassende Beziehung zum anderen. Sie will die andere Person nicht besitzen und ausnutzen, sondern sich ihr frei schenken und sie frei annehmen. Keuschheit ist die rechte und liebevolle Nähe und Distanz. Es gibt in diesem Sinn zwischen Eheleuten oder in einer festen Partnerschaft eine Art eheliche/

partnerschaftliche Keuschheit, die selbstverständlich mit guter Wollust zusammengehen kann. Hingegen leben ehelose oder alleinstehende Menschen eine ehelose Keuschheit, die in guten Beziehungen – mit Nähe und Distanz – auf genitale Sexualität und damit auf Wollust verzichtet. Keusche Menschen sind jene, die auf sündhafte Wollust verzichten – welche sich augenblickhaft oder gierig nimmt, was sie will, und die andere ausnutzt, beherrscht, entwürdigt.[27]

In den Satzungen des Jesuitenordens meint Ignatius, es bedürfe keiner Deutung, was die Keuschheit sei – er versteht sie als sexuelle Enthaltsamkeit des Ordensmannes. Deswegen handelt er dieses Gelübde sehr kurz ab und meint nur, die Keuschheit müsse vollkommen beobachtet werden und der Jesuit solle »in ihr durch die Reinheit des Leibes und Geistes die Lauterkeit der Engel« nachahmen (Sa 547). Auf den ersten Blick drückt dieses Wort ein Ideal asexuellen, unkörperlichen und dadurch »reinen« Lebens aus. Doch man kann das Wort auch anders deuten: »Reinheit« ist der Verzicht auf alles Egomanische, Übergriffige, den anderen der eigenen Lust Unterwerfende – sowohl leiblich wie geistig. Der Engel gibt sich in diesem Sinn dem reinen Dienen hin, frei und lauter, und wird damit für den Jesuiten zum Vorbild der Keuschheit.

6. Die dritte Todsünde: *avaritia* – der Geiz

Diese Todsünde meint zum einen die Habsucht oder Geldgier, also das Streben nach immer mehr Besitz, zum anderen die übertriebene Sparsamkeit, also die Weigerung, vom Besitz etwas abzugeben und zu verschenken, ihn zu teilen oder von ihm zu spenden. Geizhälse sucht man eher unter reichen Menschen, wohingegen sich Arme leicht großzügig zeigen können, da sie ja nichts zu geben haben. Können auch Arme habgierig und geizig sein? Geld stinke nicht, heißt es, außerdem sei Geld nicht essbar, verschaffe keine sexuelle Lust – wohl aber kann man sich mit Geld diese und andere Lüste, die dann durchaus »stinken« können, kaufen. Weil man den Geiz eher unauffällig leben und gut verstecken kann, ist er die vielleicht abgründigste Todsünde und außerdem die »Wurzel aller Übel« (so etwa in 1 Tim 6,10), denn er ermöglicht viele andere Übel.

In der Bibel. Im Tempel sieht Jesus, wie reiche Leute ihre Gaben in den Opferkasten werfen; eine arme Witwe wirft zwei kleine Münzen hinein. Jesus kritisiert die Reichen, denn diese haben nur »etwas von ihrem Überfluss« gegeben; die Witwe aber habe – so wörtlich – »ihr ganzes Leben« gegeben, womit Jesus nicht nur ihren finanziellen Unterhalt meint, sondern gleichsam ihre Existenz (Lk 21,1-4) – ein Hinweis auch auf die bald danach folgende Passion, in der Jesus sein ganzes Leben für die Menschen gibt. Almosengeben war damals eine religiöse Pflicht und die einzige

Weise, wie Reiche einen Teil ihres Reichtums zu Armen transferierten; der Staat kümmerte sich darum nicht, andere soziale Einrichtungen gab es nicht. Almosengeben verschaffte innerhalb der Klasse der Reichen auch Prestige, aber der Geizige – das gilt zu allen Zeiten – gibt nur so viel, dass er zwar vor anderen gut dasteht, der Verlust ihm jedoch nicht wehtut. Jesus ist sehr deutlich: Die Großzügigkeit der armen Witwe wird zum Gegenbild der reichen Geizkrägen.
Jesus verweist auf die Lilien auf dem Felde und die Vögel des Himmels: Sie säen nicht, sie ernten nicht, sie sammeln keine Vorräte in Scheunen, und doch sorgt ihr himmlischer Vater für sie. Man kann nicht Gott dienen und dem Mammon[28] (Mt 6,19-32). Gegen allen Geiz und alle Besitzgier, gegen alle strategische Akkumulation von Gütern und alles Sicherheitsdenken preist Jesus die Natur, die ihren Reichtum reiner göttlicher Zuwendung, ja Verschwendung verdankt. Und wer dem Besitz ungeordnet anhängt, kann nicht zugleich Gott anhängen, denn das menschliche Herz erträgt nur einen Herrn über sich.

In der Tradition. Evagrios Ponticos deutet das Bild der Wurzel aus: »Die Geldgier ist die Wurzel aller Übel und nährt wie böse Zweige die übrigen Leidenschaften. Wenn Du einen Zweig abhaust, bringt sie sogleich einen anderen hervor, und sie lässt nicht vertrocknen die ihr entsprossenen. Wer die Leidenschaften abhauen will, muss die Wurzel abhauen. Denn wenn die Geldgier bestehen bleibt, nutzt es nichts, die Zweige abzuhauen. Denn werden sie auch abgehauen, wachsen sie doch gleich nach.«[29] Geld kauft Lust, und wer einer einzelnen ungeordneten Lust entsagt,

muss auch dem Geld entsagen, um anderen verderblichen Lüsten abzuschwören.
Johannes Klimakos wird noch etwas deutlicher: »Geldliebe ist Anbeten von Götzen, eine Tochter des Unglaubens, sie nimmt Krankheiten zum Vorwand, ist Vorherseherin hohen Alters, eine Mahnerin der Regennot, eine Prophetin von Hungersnöten … Wurzel aller Übel ist die Liebe zum Geld und wird auch so bezeichnet. Sie ist es nämlich, die Hass, Diebstähle, Neid, Trennungen, Feindschaften, Zornausbrüche, Gehässigkeiten, Erbarmungslosigkeit und Morde schafft.«[30] Unmittelbar denkt man nicht nur an Erbschaftsstreite, sondern auch an Übernahmeschlachten bei Firmen, an Drogenkriege, an korrupte Staaten.
Basilius, Bischof von Caesarea († 379), baute für die Armen der Stadt ein Armenhaus. Mit anderen christlichen Führungspersonen forderte er Reiche auf, von ihren Gütern an Arme abzugeben – dass die Christen ihren Besitz mit Armen teilten, war provokativ und neu in der spätantiken Gesellschaft, in der ansonsten Arme, Sklaven und überzählige Kinder verachtet, vertrieben, verkauft oder dem Hungertod ausgeliefert wurden. Habgier und Geiz mussten überwunden werden, um am christlichen Glauben, am Gemeindeleben und am Heil teilzuhaben.[31]

Bei Ignatius. Als Ignatius 1535 seine Heimatstadt besuchte, sorgte er dafür, dass dort eine regelmäßige Armenfürsorge eingerichtet werde. Später gab er, was er für sich erbettelt hatte, an noch ärmere Bettler weiter (BP 40; 50). Gegen alles Raffen von Besitztümern förderte Ignatius die Großzügigkeit gegenüber Armen, nicht nur persönlich, sondern auch – modern gesagt – strukturell.

In der schon erwähnten Betrachtung der Zwei Banner (EB 136ff.) ruft der »böse Anführer«, also der Teufel, die Dämonen bei Babylon zusammen und schickt sie aus, um die Menschen zur Sünde zu verführen: zuerst zur »Begierde nach Reichtum«, um sie über dieses erste Laster zu anderen wie »eitler Ehre der Welt« und »gesteigertem Hochmut« hinzuführen – hier finden wir wieder die Habsucht als Wurzel aller Übel.

Für Ignatius macht der Habgierige seinen Besitz zu einem in sich erstrebenswerten Ziel, anstatt ihn als Mittel zu nutzen, das ihm und anderen zum wirklichen Ziel, nämlich Gutes zu tun und damit Gott zu ehren, hilft: Habsucht ist eine klassische Zielverfehlung, also Sünde. Der Geizige ist für ihn auch jener, der nur empfangen, aber nicht geben will – also kann er nicht lieben, denn Liebe ist »Austausch von beiden Seiten her«: empfangen *und* geben (vgl. EB 231). So soll auch die Exerzitantin nicht nur empfangen, nämlich geistliche Gnaden, sondern sie soll in die Übungen hineingehen »mit Großmut und Freigebigkeit« (*con grande ánimo y liberalidad*, EB 5).

Für seinen Orden legte Ignatius größten Wert auf ein armes Leben: Schon der erste Entwurf eines Grundlagentextes des Ordens, die »Fünf Kapitel« von 1539, betonte, dass ein »von aller Ansteckung der Habsucht möglichst entferntes und der evangelischen Armut möglichst ähnliches Leben froher, reiner und geeigneter zur Erbauung des Nächsten ist«[32]. Deswegen sollten Jesuiten arm sein, was bedeutete, dass sie keinen persönlichen Besitz hatten – auch die Kommunitäten nicht – und von Almosen lebten. Später erlaubte Ignatius doch den Kollegien, feste Einkünfte aus Eigentum zu haben, denn man brauchte diese, um größere Zahlen von Schülern zu ernähren. In allen

Dingen war ihm die Freiheit von Habsucht (vgl. Sa 567; 816) und das Teilen mit Bedürftigen ein heiliges Anliegen.

In der Gegenwart. Warum ist jemand geizig? Ängste spielen wohl immer eine Rolle: vor verringertem Konsum, vor Verarmung und Not, vor Prestigeverlust. Ist Geiz »geil«, weil die Geizige sich mehr Wollust verschafft? Spielt auch der zeitliche Druck eine Rolle, in diesem Leben – vor dem stets drohenden und dennoch gerne verdrängten Tod – möglichst viel noch genießen zu wollen? Umgekehrt gilt: Die Gläubige wird weniger stark diesen Druck empfinden, möglichst schnell möglichst viel zu genießen, denn was sie in diesem Leben verpasst, wird sie im kommenden erhalten; hier und heute kann sie daher – hoffentlich – großzügiger von ihrem Besitz abgeben.

Geld gibt dem Geizigen eine Machtillusion: Nicht umsonst bedeutet »Vermögen« ja nicht nur Besitz, sondern auch, etwas zu vermögen, also Macht auszuüben. Macht übt man aus, indem man sich etwas kauft – der Geizige wird das nur selten tun, denn ihm ist nur wichtig, die Möglichkeit zum Kaufen, also zur Machtausübung, zu haben. Mit seiner Macht bleibt er in der Illusion – ungern lässt er sich durch die meist doch banale Erfahrung des Konsumierens desillusionieren. Auch will er die schmerzliche Erfahrung vermeiden, dass er bestimmtes Glück eben doch nicht kaufen kann.

Die Geizige bleibt einsam, denn Teilen würde sie mit anderen verbinden: Geben und Empfangen ist, wie Ignatius sagt, Liebe. Distanziert bleibt die Geizige auf ihrem Besitz sitzen, immer mit dem argwöhnischen Blick nach links und nach rechts, jemand könnte ihr etwas neiden oder wegnehmen. Diebe muss man sich vom Leibe halten, und würde sie mit jemandem ausgehen, könnte es ja sein, dass die Restaurant-Rechnung an ihr hängen bleibt. Geizig ist die Geizige auch mit ihrer Zeit und mit ihrer Zuwendung, die sie anderen – der einsamen Nachbarin, dem bedürftigen Freund – geben könnte, und vielleicht auch mit ihrem Wissen, mit ihrer Klugheit, mit ihrer Erfahrung. Nur dann ist die Geizige großzügig, wenn sie mit dieser Geste sich selbst als großzügig darstellen kann und sie auf diese Weise ihr Ansehen steigert und ihrer Eitelkeit huldigt; oder dann, wenn sie mit einem Geschenk jemanden sich verpflichtet, ihn an sich bindet, ihn manipuliert – sie beginnt, Macht auszuüben oder gar schon, sie zu missbrauchen.

Der Geizige hat wenig Humor, denn das Leben ist ihm ein ernstes Geschäft, und misstrauisch beäugt er seine Nachbarn. Ständig ist er auf der anstrengenden Suche nach Wahrung und Mehrung seiner Besitztümer. »Er kann nicht lachen, weil Lachen nicht nur freimacht, sondern auch freigibt. Wer lacht, hat mehr, als er bedarf. Das Lachen lebt vom Überfluss.«[33] Am besten entlarvt man den Geizkragen, indem man ihn auslacht. Kein Wunder, dass über Geizige gerne Lustspiele geschrieben wurden; Molière mokiert sich in »Der Geizige« stundenlang über den reich gewordenen, dabei engstirnigen, knausrigen und griesgrämigen Kleinbürger.

Avaritia ist auch eine, wenn nicht *die* »strukturelle Sünde«: Indem der Kapitalismus darauf gründet, dass privates Eigentum sich ständig vermehren will, benutzt er gleichsam den natürlichen Geiz und die Habgier des Menschen. Ein wilder Kapitalismus macht die Reichen immer reicher und die Armen immer ärmer.

Nur ein sozial orientierter Staat kann ihn zähmen – in vielen armen Ländern gibt es diesen Staat nicht, mit verheerenden Folgen. In unseren reichen Ländern profitieren wir von den ausbeuterischen weltwirtschaftlichen Strukturen, weil wir zu geizig sind, faire Preise für die in armen Ländern hergestellten Produkte zu bezahlen – das würde ja unseren Konsum oder unsere Konsummöglichkeit schmälern. Dran wäre, den Menschen in den armen Ländern nicht nur Almosen, die uns kaum wehtun, zu geben, sondern die »Strukturen« so zu ändern, dass alle Menschen in Würde und in größerer Gerechtigkeit leben. Aber dafür sind wir zu geizig. Auch wissen wir nicht, wie das zu bewerkstelligen wäre, denn transnationale, den Geiz wirklich unterlaufende Wirtschaftsstrukturen gibt es kaum. Um ehrlich zu sein: Wir wollen ja nicht wirklich etwas ändern.

Die 32. Generalkongregation (GK) der Jesuiten (1974/75) beschäftigte sich intensiv mit Ungerechtigkeit und struktureller Sünde: »Doch erkennt der Mensch im Licht des Evangeliums klar, dass die Ungerechtigkeit ihre Wurzel in der – persönlichen und kollektiven – Sünde hat und dass sie umso gefährlicher wird, je mehr sie eingeht in ökonomische, soziale, politische und kulturelle Einrichtungen, die einen weltweiten Wirkungskreis haben und beherrschende Macht ausüben.«[34] Ungerechtigkeit ist Atheismus: »Die herrschende Ungerechtigkeit, die unter verschiedenen Formen die Würde und Rechte der Menschen als Gottes Abbild und als Brüder und Schwestern Christi leugnet, ist praktischer Atheismus, eine Leugnung Gottes. Der Kult des Geldes, des Fortschritts, des Prestiges bringt die Sünde der institutionalisierten Ungerechtigkeit hervor ..., die zur

Knechtschaft führt – auch zu der des Unterdrückers – und zum Tod.«[35]

Tugenden. Bei Ignatius korrespondiert dem Geiz, wie angedeutet, die *liberalidad*, eine Art freigebige Großherzigkeit. In der Kultur seiner Zeit hat er den wohlhabenden Adligen vor Augen, der seinen Vasallen materielle Hilfe und »Gunsterweise« – kleine Privilegien und Rechte – gewährt und sie damit in ihren Bedürfnissen und Nöten unterstützt. Freigebig ist dieser Mann in dem Sinn, dass er frei gibt: nicht verschwenderisch – das wäre das andere Extrem, das ähnlich falsch ist wie der Geiz –, nicht unter Druck, nicht manipulativ oder selbstverherrlichend, sondern mit »geordneten Affekten«, also wirklich um der anderen willen, dienstbereit, gerecht, aus Liebe.

Gegen die »strukturelle« Habsucht könnte man entsprechend den großherzigen *Einsatz für Arme und für Gerechtigkeit* anführen: sowohl als direkte soziale Hilfe wie auch als politischen Kampf für eine gerechtere Welt. Beides wird sich diejenige, die sich so engagiert, etwas kosten lassen: Zeit und Energie, eigenen Konsum und persönlichen Besitz. Vermutlich wird sie früher oder später für ihren Einsatz angefeindet werden – die Profiteure des Unrechts, also die Habsüchtigen und Geizigen, sehen ihren Einsatz nicht gerne und gehen gegen sie vor. Manche Kämpferin gegen Habgier und Unrecht wird verfolgt, manche muss schwer leiden, manche bezahlt den Einsatz mit ihrem Leben – *liberalidad* kostet.

Die schon erwähnte 32. GK der Jesuiten weist auf den *armen Lebensstil* hin: »Überall finden sich Menschen guten Willens, die eine gerechtere Gesellschaftsordnung suchen und Strukturen der Unterdrückung beseitigen möchten. Aber gleichzeitig herrschen überall Genusssucht und Verlangen nach Konsum, mit der Folge eines praktischen Atheismus. Wohlhabende, einzelne wie ganze Staaten, denken nur an sich, so dass sie andere mit allen möglichen Mitteln ausbeuten. Reiche wie Arme werden derart von der Faszination des Besitzes ergriffen, dass sie das Glück des Menschen einzig und allein im Genuss solcher Güter sehen. Es gibt aber auch Menschen, die diesen Materialismus von sich weisen, eine neue Freiheit und ein anderes Glück suchen und dies in einem einfachen Lebensstil und in höheren Werten finden.«[36]

7. Die vierte Todsünde: *ira* – der Zorn

Nach den drei eher leiblich-sinnlichen nun ein Blick auf die mehr seelisch-geistigen Todsünden – wobei sie alle selbstverständlich sowohl leibliche wie geistige Anteile haben. Zorn ist zunächst ein Affekt gegen erlittenes Unrecht oder eine Empathie mit Leiden; sobald das Recht wiederhergestellt oder das Leiden überwunden ist, verfliegt der Zorn. Was ist daran Sünde? Von allen Todsünden ist der Zorn wohl diejenige, die wir spontan am wenigsten für Sünde halten. Freilich ist der Zorn dann Sünde, wenn er selbst ungerecht ist, wenn er aggressiv jemanden schädigt, wenn er besserwisserisch oder neidisch, selbstsüchtig oder einfach nur Ausdruck einer narzisstischen Kränkung ist.

In der Bibel. Jesus ist oft über ungerechte Zustände zornig: über die Verlogenheit der Pharisäer (z.B. Mk 3,1ff.), über den unfruchtbaren Feigenbaum (Mk 11,12ff.), über die Geldwechsler im Tempel (Mk 11,15ff.), über die sündigen Städte (Mt 11,20ff.). Gegen Unrecht geht er direkt an, auch wenn er sich keine Freunde damit macht. Beleidigungen und Kränkungen erleidet er jedoch ohne Zorn, und er ermuntert seine Freunde, wenn sie geschlagen werden, dem Schläger die andere Wange hinzuhalten. In der Passion erträgt er alle Schmähung und Demütigung, alle psychische und physische Gewalt ohne jeden Zorn, ja er vergibt, am Kreuz hängend, seinen Feinden. Obwohl er alle Macht besitzt, verzichtet er auf jede Rache. Hier zeigt sich schon eine wichtige Unterscheidung: der heilsame, gute Zorn über Unrecht;

der unheilvolle, zu vermeidende Zorn über erlittene Kränkungen.

Und der Zorn Gottes, von dem nicht nur das Alte Testament so häufig spricht? Er ist göttlicher Widerwille gegen alles Böse und gegen jene Menschen, die den Bund brechen und Böses tun. Er wirkt bisweilen allzu menschlich, auch rätselhaft, bedrohlich, ja dämonisch. Er richtet sich mal gegen Einzelne, mal gegen das Volk, mal gegen die Menschheit, sogar gegen die Schöpfung. Doch dann wird Gott immer wieder als langmütig, reuig und barmherzig geschildert: Seinem Zorn gibt er nicht nach. Am Ende allerdings wird der »Tag des Zorns« (z.B. Zef 1,15) kommen. Im Endgericht wird abgerechnet – die Liturgie besingt den Tag des Zorns (den *dies irae*) im Requiem. Gott ist zornig, weil er das Heil will. Wo Unrecht geschieht und Heil zerstört wird, wird Gott leidenschaftlich und traurig und zornig. Gottes Zorn ist ein guter Zorn, ein heilschaffender und liebender Zorn. Jürgen Werner nennt den Zorn Gottes am Jüngsten Tag »die Traurigkeit seiner unendlichen Liebe«[37]. – Bleiben wir im Folgenden mehr bei jenem Zorn, der Sünde ist.

In der Tradition. Evagrios Pontikus beschreibt den Zorn: Er ist »eine sehr hitzige Leidenschaft. Man nennt ihn eine aufbrausende Bewegung des emotionalen Teils der Seele gegen den, der einem Unrecht getan hat oder scheint, Unrecht getan zu haben. Er erbittert die Seele den ganzen Tag, vor allem aber während des Gebets reißt er den Verstand mit sich fort, indem er das Gesicht eines Beleidigers vor Augen hält.«[38] Wenn der Zorn lange andauert, verwandelt er sich in Groll. Eng ist der Zorn auch mit der Wut verwandt: »Die Wut ist eine wahnwitzige Leidenschaft, und sie bringt die Erkenntnis Besitzenden leicht außer sich. Sie vertiert die Seele und lässt sie sich von jedem Umgang zurückziehen.«[39] Zorn und Wut können die Seele des Mönches besetzen, sie vom Gebet abhalten und sie zu irrationalen, aggressiv-triebhaften – in diesem Sinn tierhaften – Taten hinreißen.

Nach Johannes Klimakos gilt als »Sprössling« des Zornes der Groll; dieser wächst somit aus jenem heraus. Stark schreibt er über den Groll: »Groll ist das Ende des Zornes, ein Hüter der Sünden, Hass der Gerechtigkeit, Verlust der Tugenden, Gift für die Seele, Wurm des Geistes, Beschämung des Gebets, Aussetzen des Flehens, Entfremdung von der Liebe, ein in die Seele geschlagener Nagel, ein wonneloses Gefühl, geliebt um dessen süßer Bitterkeit willen, fortwährende Sünde, ruheloses Unrecht, stündliche Bosheit. ... Wer dem Zorn Einhalt gebietet, vernichtet den Groll, denn solange der Vater lebt, kommt es zur Kinderzeugung.«[40] Wenn der Groll ein zwar meist versteckter, aber gleichsam perpetuierter und ständig quälender Zorn ist, vergiftet er die Seele, und das nicht nur in ihrem persönlichen Wohlsein, sondern auch in ihrem Urteilen, in ihren Beziehungen, in allem.

Johannes Cassian schreibt ausführlich über den Zorn gegen andere, dem man niemals Raum geben darf. Allerdings gibt es auch den »vorteilhaften Zorn«, den wir gegen uns selbst richten, indem »wir gegen die lasziven Aufwallungen unseres Herzens gnadenlos die Zähne zeigen und uns darüber erzürnen, dass das die geheimen Winkel unserer Brust besetzt hat, dessen wir uns zu reden oder zu tun vor den Menschen schämen«[41]. Gegen die eigene Sünde ist der Zorn also ein wirksames Gegengift, gegen andere Menschen kennt Cassian ihn nur als zerstörerisch.

Bei Ignatius. Als Ignatius ein junger Ritter war (1515), wurde ein Strafprozess gegen ihn geführt wegen eines »schwerwiegenden Delikts«; man vermutet Raufereien, blutige Händel. Der Prozess wurde zwar niedergeschlagen, indem sich Ignatius auf seinen Klerikerstand berief – das weltliche Gericht war nicht zuständig –, aber die Affäre zeigt, dass Ignatius nicht nur, was man auch sonst weiß, ein sinnlich veranlagter Mensch war, sondern darüber hinaus leicht erregbar, iraszibel, bereit zum Zuschlagen, aggressiv – eben ein junger Ritter. Berichte über sein späteres Leben zeigen allerdings nie einen zornigen Ignatius – hat er diese affektive Power völlig gezähmt oder abgestellt, oder hat er sie, perfekt kontrolliert, gleichsam auf anderes umgelenkt? Man weiß wenig darüber. Auffällig ist, dass Ignatius mehrfach Jesus als »sanft« bezeichnete: Jesus beruft die ersten Apostel »sanft« (*suavemente*) zur Würde der Nachfolge (EB 275b), und bei der Tempelaustreibung sagt er «milde« (*mansamente*) den Armen, die nur ein paar Tauben verkaufen: »Entfernt diese Dinge ...« (EB 277). Wurde Ignatius durch seine wachsende Beziehung zum »sanften« Jesus in einen sanften Apostel verwandelt?
In der Unterscheidung der Geister differenziert Ignatius zwischen »ungeordneten Affekten« und – den Begriff kann man analog bilden – geordneten Affekten. Zorn ist ein starker Affekt, und bei ihm wird es sehr hilfreich und vielleicht eine lebenslange Aufgabe sein zu unterscheiden, ob und wann er geordnet ist, also ein – im obigen Sinn – heilsamer und guter Zorn, und wann er ungeordnet ist. Daran wird sich entscheiden, wie man mit dem Zorn umzugehen hat.

In der Gegenwart. Begrifflich wird man unterscheiden: *Zorn* ist ein kurzzeitiger Affekt, der verschiedene Anlässe haben und heftig und unkontrolliert ausbrechen kann, nach Verschwinden des Anlasses aber bald verraucht. *Groll* erwächst, wie gesehen, aus einem konkreten Zorn und verlängert diesen; oft ist er ins Untergründige abgeschoben und zeigt sich kaum, scheint eher ruhig und beherrscht zu sein, aber er wirkt dort für lange Zeit weiter, bohrend und nagend und Unheil wirkend. *Hass* ist ein gesteigerter Groll: Der Zorn ist inzwischen gefroren und so verstetigt und verhärtet, dass er nicht mehr unterscheidet, sich nicht mehr bewegt, sondern absolut verurteilt und oft nur noch vernichten will. *Wut* ist als Affekt heftiger als Zorn, oft auf das Ich bezogen, eine Kränkung. Während der Zorn noch eher einen sachlichen Grund, einen Angriffspunkt hat, auf den er sich richtet und gegen den er schimpft, handelt die Wut ohne Ziel und schlägt blind um sich; sie spricht nicht, sondern sie schnaubt, dröhnt, brüllt. Die Wut hat keine klare Sicht und kennt nur sich selbst, während der Zorn eine Gegnerin erkennt und sich auf sie stürzt. Die Wütende ist oft eher schwach, will aber ihre Schwäche nicht zeigen, sondern versteckt sie im Getöse – und macht sie so indirekt offenbar.[42] *Empörung* oder *Entrüstung* ist – im negativen Sinn – der gehemmte, moralinsaure Zorn der Spießbürgerin, die sich von Konventionen einengen lässt und bisweilen zur kalten Rechthaberei neigt. – Wenn wir von der Todsünde des Zornes sprechen, meinen wir das ganze Umfeld des Grolles und des Hasses, der Wut und der Empörung mit, bleiben aber doch bei dem ursprünglichen und umgreifenden Wort »Zorn«.

Klaus Mertes[43] unterscheidet: den Empathie-Zorn – den oben erwähnten guten Zorn, der Leiden nicht akzeptieren will; den Ohnmacht-Zorn, der sich gegen Unrecht aufbäumt und so lange gut ist, als er nicht zum Hass gefriert, sich verhärtet und in Gewalt umschlägt; schließlich den unheilvollen, narzisstischen Ego-Zorn, bei dem der Zornige sich vernachlässigt oder gekränkt fühlt und sich zum Opfer macht – dieser Zornige ist empfindlich, oft überempfindlich und hat Empathie, aber nur mit sich selbst, nicht mit anderen. Jesus zeigt uns den guten Empathie-Zorn, der aus Liebe kommt und zu größerer Liebe führt.

Wäre das Ideal des spirituellen Menschen, immer zornlos zu sein: also ausgeglichen und ruhig, affektfrei oder den Affekt perfekt kontrollierend, freundlich und zugewandt, sachlich und gerecht und vernünftig? Vielleicht ist dies das Ideal der Stoa, einer spätantiken Philosophenschule, aber nicht das Ideal des Christentums. Aggression ist eine grundsätzlich gute Kraft im Menschen, sie zeigt Energie, Leidenschaft für das Gute, Einsatzbereitschaft für den anderen, letztlich Nächstenliebe. Bei entsprechender Gelegenheit dürfen Christen in einen heiligen Zorn verfallen und die Contenance verlieren, sie dürfen und sollen leidenschaftlich und emotional werden, auch kämpfen und klagen, protestieren und drängen. Allerdings sagt Paulus dazu: »Wenn ihr zürnt, sündigt nicht! Die Sonne soll über eurem Zorn nicht untergehen« (Eph 4,26); ein Zorn soll schnell verrauchen oder auf gute Ziele gelenkt werden, sonst droht er zum sündigen Zorn zu kippen.

Todsünde ist jener Zorn und jene Aggression, die nur um das verletzte Ich kreisen, die egoistisch und gierig sind, die ungerecht und affektgeleitet urteilen, die Gewalt ausüben und zerstören, die zuschlagen – sei es kontrolliert, zielgerichtet und effizient, sei es im Verlust der Kontrolle, eines benennbaren Zieles und jeglicher Effizienz. Hier gibt es reichlich Sünde, zu allen Zeiten, in allen Kulturen und Gesellschaften, in allen Religionen.

Tugenden. Zur Zornessünde ist das Gegenteil selbstverständlich der erwähnte gute Zorn. Ignatianisch wird man auch die *Indifferenz* nennen: Der Indifferente lässt sich nicht durch ungeordnete Affekte leiten, sondern nur durch geordnete. Er ruht in Gott, aber nicht stoisch leidenschaftslos, sondern um sich aus der Gottesruhe heraus durch das Leiden und das Unrecht der Welt zum leidenschaftlichen Engagement anstiften zu lassen. Er brennt für Gott und für seine Gerechtigkeit. Aus innerer Freiheit nimmt der Indifferente die Welt wahr und wählt seine Weise des Engagements. Dieses wird leidenschaftlich sein, affektiv und zugleich effektiv, bisweilen auch voll guten Zorns, aber dieser ist so geordnet, dass er nicht neue Gewalt sät, sondern alte Gewalt überwindet und versöhnt. »Meinen Hass bekommt Ihr nicht« – so der Buchtitel eines Mannes, dessen Frau 2015 beim Attentat von Le Bataclan/Paris ermordet wurde.

8. Die fünfte Todsünde: *invidia* – der Neid

Die Neidische gönnt einer anderen deren größeren Besitz nicht, wobei nicht nur das materielle Vermögen gemeint ist, sondern auch gutes Aussehen und Begabungen, Privilegien und Erfolge, Beziehungen und Wertschätzung. Die Neidische will entweder selbst über diese Güter verfügen, sie also für sich kriegen, oder sie will nur, dass die andere sie verliert oder sonst einen Schaden erleidet – dieser Neid heißt auch Missgunst. Mitgemeint unter dem Begriff des Neides ist die Eifersucht, wobei sie bei aller Ähnlichkeit doch einige Unterschiede zum Neid aufweist.

In der Bibel. Kain ist Ackerbauer, sein Bruder Abel Schafhirt. Gott »schaut« auf das Opfer Abels, d.h., er nimmt es an, auf das Opfer Kains schaut er nicht. »Da überlief es Kain ganz heiß und sein Blick senkte sich« (Gen 4,5). Schließlich tötet Kain seinen Bruder Abel. Kain versucht noch, die Tat vor Gott zu verleugnen, aber Gott sieht sie und verflucht ihn – freilich schützt er ihn später gegen mögliche Rächer, die ihn töten wollen. In dieser Geschichte ist Kain neidisch auf die göttliche Gunst, von der sein Bruder mehr bekommt als er. Seine heftige Emotion macht ihn aggressiv und zum Mörder. Die Erzählung ist die Urgeschichte allen Neids und aller Gewalttat.

Im Gleichnis von den Arbeitern im Weinberg (Mt 20,1-16) erzählt Jesus von einem Gutsbesitzer, der am Morgen einige Arbeiter für den ganzen Tag anwirbt und ihnen einen Denar als Lohn zusagt. Später wirbt er noch mehrmals Arbeiter für kürzere Zeit an und entlohnt sie wie die anderen am Abend ebenfalls mit einem Denar. Jene, die viel gearbeitet haben, werden neidisch auf die anderen und beklagen sich. Jesus rechtfertigt den Gutsbesitzer damit, dass er den ersten Arbeitern ja sehr wohl den vereinbarten Lohn gibt und er außerdem machen könne, was er wolle. Das riecht nach einer zumindest moralischen Ungerechtigkeit, beschreibt aber nur das Gnadenhandeln Gottes, der das Füllhorn seiner Gaben ungeachtet der vorherigen Leistung ausgießt. Wer hier irdisch rechnet, hat nichts von Gott verstanden – sein Neid ist verfehlt. Ja, irdisch ist die Verteilung sowohl der Arbeit wie der Güter oft ungerecht, himmlisch bekommen jedoch alle die eine Fülle Gottes, die alle Menschen gleichbehandelt und nicht zum Neidobjekt werden darf.

In der Tradition. Wie angedeutet, ist der Neid erst seit Gregor dem Großen (Rom um 600) auf der Liste der Todsünden und kommt daher bei den Mönchsvätern kaum vor. Ist er vielleicht eine erst später entdeckte Todsünde? Besitzen Mönche zu wenig, auf das man neidisch werden könnte? Andererseits wird der Neid in biblischen Geschichten beschrieben und in der Liste des Galaterbriefs (5,21) genannt …

Bei Ignatius. Immer wieder hielt Ignatius für seine Jesuiten die freiwillig gelebte Armut hoch – diese gut zu leben, setzt voraus, dass in einer Ordenskommunität die Mitbrüder frei von Neid sind. Als Generaloberer behandelte Ignatius die Jesuiten nicht gleich: Von sehr begabten Mitbrüdern verlangte er viel, auch in schroffem Ton, von schwachen Mitbrüdern verlangte er wenig, und er war nachsichtig mit ihnen, gewährte ihnen Erholung, half ihnen. Für seinen Orden gab er – im Gegensatz zu anderen damaligen Orden – keine festen Regeln vor, was jeder besitzen durfte, was es zu essen gab usw., sondern der Obere sollte individuell zuteilen, nach Bedarf durch die Arbeit und nach persönlichen Notwendigkeiten, oder er sollte den Einzelnen Freiheit lassen, selbst zu entscheiden, was sie benötigten. Diese Praxis schafft in einer Gemeinschaft Ungleichheiten – und setzt daher ein neidloses Miteinander voraus. Ob und inwieweit dies in der ersten Jesuitengeneration gelang? Später hat der Orden deutlich mehr geregelt, damit es gerechter zugehe – das Bedürfnis nach Gleichbehandlung aller und wohl auch der Neid kamen doch auf, und man versuchte gegenzusteuern.

In der Gegenwart. Neid ist wohl die einzige Todsünde, die nie Spaß macht und immer negativ gesehen wird. Wir schämen uns des Neides und verstecken ihn deswegen. Ist er die am weitesten verbreitete Todsünde? Von allen Lastern ist er das ausdauerndste: Es frisst sich in die Seele hinein, ist ein ziehender Schmerz, der nie mehr Ruhe gibt. Der Neid wehrt sich gegen alle Versuche, ihn zu vertreiben, er schafft es, dass die Neidische alles negativ sieht und innerlich verbittert. Der Neid nagt in ihr und gibt ihr das Gefühl der Minderwertigkeit.

Männer sind neidisch eher auf Männer, Frauen auf Frauen. Man ist eher neidisch auf den Nachbarn, der ein bisschen mehr besitzt, oder auf den Kollegen, der für ähnliche Arbeit etwas mehr verdient, als auf einen fernen Fremden, der in seiner Luxusvilla sitzt und unendlich viel reicher ist – der heftigste Neid ist oft der Geschwisterneid. Mancher Neidische will vor allem nicht, dass seine Vorzüge von einem anderen übernommen werden, denn dann würde jener andere für sie im Mittelpunkt stehen. Der Neidische verrät sich vor allem durch seinen Blick, der nicht offen und direkt ist, sondern seitlich und – wie bei Kain – gesenkt, finster, lauernd; dieser Blick will sehen, ohne selbst gesehen zu werden. Manchmal ist Neid auch eine Art Bewunderung, die aber missgünstig ist und das bewunderte Gut herunterziehen muss.

Ein verbreitetes gesellschaftliches Phänomen ist der Sozialneid: Ärmere oder solche, die sich arm fühlen, beneiden Reichere oder solche, die reicher erscheinen. Sozialneid kann ein guter Stimulus sein, sich beruflich mehr zu engagieren und sozial aufzusteigen. Er kippt dann ins Negative, wenn die Aufstiegswünsche hoffnungslos unerfüllbar sind: Der Neidische kann in seiner Ohnmacht verbittern und sich in Ressentiments oder gar in Hass gegen die anscheinend Glücklicheren verbeißen; oder er wird aggressiv, sei es gegen die anderen, sei es – wenn er den Neid wegdrängt – gegen sich selbst.

Eifersucht ist hingegen eine Dreierbeziehung: Man empfindet tiefen Schmerz, weil die andere einem Dritten all die Zuneigung oder Anerkennung oder Liebe gibt, welche man selbst von ihr bekommen möchte oder zu bekommen beansprucht. Sie nicht zu bekommen, verursacht Verlustängste, schafft Gefühle von Minderwertigkeit, kränkt – »Eifersucht ist der bittere Groll jenen gegenüber, die haben, was man selbst begehrt«[44]. Eifersüchtige Ehemänner wittern überall Untreue ihrer Frau, sie kontrollieren sie, spionieren sie aus, sehen irgendwann Gespenster hinter jeder Ecke – die Ehe wird vergiftet, die Liebe stirbt. Kleinkinder sind eifersüchtig auf das nächste Geschwisterlein, Alte sind eifersüchtig auf andere, fittere, beliebtere Alte. Eifersucht bestraft vor allem sich selbst; nach einem Bonmot ist Eifersucht jene rätselhafte Leidenschaft, die mit Eifer sucht, was Leiden schafft. Das Alte Testament nimmt übrigens oft den Ehebruch als Bild für den Götzendienst – Gott wird recht menschlich gezeigt als ein eifersüchtiger Gott, der nicht duldet, dass die Israeliten andere Götter verehren.

Das *Ressentiment* vermischt Neid mit Ohnmacht: Man muss ständig die neiderregende Situation, die man nicht ändern kann und der man sich ohnmächtig ausgeliefert fühlt, abwerten. Man hat Widerwille gegen das Leben, wird verbittert, vergiftet die Seele. Paradoxerweise empfindet mancher im ressentimentgeladenen Schimpfen eine gewisse Lust und will, um sich diese Lust zu erhalten, die Situation nicht verändern. Wer in der Opferhaltung verbleibt, weiß genau, dass er der Gute und der andere der Böse ist; das ist moralisch erhebend, und außerdem muss er sich nicht ändern – ist ja viel bequemer so.

Tugenden. Dem anderen das, was er voraushat, nicht zu neiden, sondern es ehrlich zu *loben* und sogar Gott dafür zu danken, das wäre eine wirkliche Überwindung des Neides. Ignatius spricht oft vom Loben und Danken, etwa beim abendlichen Tagesrückblick. Eine weitere passende Tugend ist das, was er *comunicación* nennt: das Mitteilen oder *Austauschen von Gaben*, im gegenseitigen Empfangen und Geben; Ignatius identifiziert dies, wie schon erwähnt, mit der Liebe (EB 232). Der Neider will dem anderen wegnehmen, was jener mehr hat; Liebende gönnen einander Gaben und tauschen sie einfach aus, ohne zu vergleichen, ohne zu rechnen, großzügig und selbstlos.

Anzuführen ist auch die *Demut*: nicht über das Erworbene und Geschenkte hinaus weitere Gaben zu begehren oder sie dem anderen zu neiden, sondern Grenzen anzuerkennen. Die Demütige erkennt realistisch, dass sie einiges bekommt und anderes nicht; sie macht aus dem, was sie hat, im Auftrag Gottes möglichst viel, aber sie erkennt an, dass sie bestimmte Dinge nicht kann und nicht schafft und nicht besitzt, und sie respektiert neidlos, dass andere mehr können und machen und besitzen als sie.
Schließlich kann man als Gegenteil des Neides das *Mitleid* ins Auge fassen: Der Neidige schaut voll Ingrimm *hinauf* zu jenen, die mehr haben als er und die, so meint er, die Sonnenseite des Lebens genießen. Hingegen schaut der Mitleidende empathisch *hinunter* zu jenen, die wenig oder zu wenig haben und darunter – oft Unendliches – leiden, und er engagiert sich für sie und hilft ihnen mit dem, was er hat und kann. Unser Gott macht es uns vor: Noch die Götter der Griechen waren neidisch auf das Glück der Menschen; hingegen sendet der Gott Jesu Christi seinen Sohn hinab ins Leiden der Menschen, und dieser befreit sie mitleidend von ihrer Schuld und von ihrem Tod.

9. Die sechste Todsünde: *acedia* – der Überdruss

Vielleicht ist die Acedia die unklarste Todsünde, zumindest ist sie schwer übersetzbar: Von griech. *akedia* (Nicht-Sorge) herkommend, meint das latinisierte Wort so etwas wie Schläfrigkeit (in der Mittagshitze), Faulheit und Mattigkeit, Antriebsarmut, Langeweile; auch Traurigkeit, Mutlosigkeit; schließlich Widerwille, Ekel, Bockigkeit; dann Verdruss, Überdruss, Indifferenz – nicht ignatianisch, sondern im Sinne von Gleichgültigkeit und Lustlosigkeit; letztlich Trübsinn, Schwermut, Melancholie, auch Gottferne. Ist Acedia Sünde? Wann und wie? Oder ist sie Krankheit der Seele? Wobei das eine das andere ja nicht ausschließen muss. Vielleicht ist Acedia – ähnlich wie andere »Todsünden« – dann keine Sünde, wenn sie die Seele überfällt und niederzwingt, ohne dass diese sich wehren könnte, und dann Sünde, wenn die Seele sich ihr willentlich und vielleicht lustvoll hingibt und sich und andere damit schädigt. Als deutsches Wort möchte ich beim »Überdruss« bleiben: Da ist schlechte Stimmung ausgedrückt, Trägheit, aber auch Nicht-Wollen, Misstrauen, Rückzug vor dem Zuviel, Negation.

In der Bibel. Elija hat im Auftrag Gottes und mit seiner Hilfe die 450 Baals-Priester getötet. Nun wird er verfolgt, soll umgebracht werden. Er bekommt Angst. Er läuft in die Wüste hinein, weg von Gott, setzt sich unter einen Ginsterstrauch und wünscht sich den Tod. »Nun ist es genug Herr. Nimm mein Leben …«. Unter dem Ginsterstrauch liegend, schläft er ein (1 Kön 19,1-5). Angst ist dabei, Überdruss vor den grausigen

Aufträgen Gottes, Schläfrigkeit, Lebensunlust, Todessehnsucht. Die weitere Geschichte ist bekannt: Vom Engel geweckt und genährt, geht Elija 40 Tage lang durch die Wüste zum Horeb und begegnet dort Gott im »sanften, leisen Säuseln«. Nach überwundener Acedia bekommt er neue Aufträge.

Kohelet, der immer wieder zutiefst melancholische Weisheitslehrer, beschreibt den immer gleichen und für ihn irgendwie sinnlosen Kreislauf der Natur und des Lebens: »Es gibt nichts Neues unter der Sonne« (Koh 1,9). Auch alles Tun unter der Sonne ist wirkungs- und sinnlos, das Böse bleibt doch bestehen, alles ist »Windhauch« (Koh 4). Gott kommt im Buch Kohelet kaum vor; meist erscheint er abwesend, schweigend, irrelevant.

Viele Psalmen drücken so etwas wie Acedia aus: »Meine Seele dürstet nach Gott, nach dem lebendigen Gott ... Tränen waren mein Brot bei Tag und bei Nacht; denn man sagt zu mir den ganzen Tag: Wo ist nun dein Gott? ... Meine Seele, warum bist Du so betrübt und bist so unruhig in mir? Harre auf Gott, denn ich werde ihm noch danken, meinem Gott und Retter, auf den ich schaue« (Ps 42,3.4.6). »Meine Seele schläft vor Ekel« (Ps 119,28, Vulgata). »Du brauchst dich vor dem Schrecken der Nacht nicht zu fürchten, noch vor dem Pfeil, der am Tag dahinfliegt, nicht vor der Pest, die im Finstern schleicht, vor der Seuche, die wütet am Mittag« (Ps 91,5f.) – auf diese Mittagsseuche bezieht sich der häufige Hinweis der Kirchenväter, die Acedia sei der Mittagsdämon.

In der Tradition. Für die Mönchsväter ist die Acedia ein schweres und häufiges Laster, das als Ursprung anderer Laster gesehen und entsprechend oft beschrieben wird. Nach Evagrios Ponticos erschlafft die Seele des Mönches um die Mittagszeit, wenn Hitze und Durst, flimmerndes Licht, Leere und Einsamkeit sie am meisten belasten. Der Mönch hält es in seiner Zelle kaum aus, will – selbstverständlich mit hoher spiritueller Motivation – aufbrechen und Kranke besuchen oder Mitbrüder trösten, er »ist flink zu Diensten«, um sich zu zerstreuen, er kann nicht beten, flieht die Ruhe. Als Gegengift empfiehlt Evagrios, sich in allem ein rechtes Maß zu verordnen. »Und bete ununterbrochen und kurzgefasst, und der Geist des Überdrusses wird vor Dir fliehen.« [45]

Nach Cassian ist der von Acedia befallene Mönch unzufrieden mit dem Ort, an dem er lebt: Er nörgelt an den äußeren Umständen herum, jammert viel und träumt von anderen, besseren Orten. Entweder bleibt er faul in seiner Zelle sitzen, oder er schweift unstet herum, oft auf der Suche nach Essen. Für seine Faulheit findet er tausend Ausreden, nicht zuletzt mit Schriftzitaten. Als Heilmittel empfiehlt Cassian, der Mönch solle zu Hause bleiben und seine Arbeit tun. Cassian verweist ausführlich auf Paulus, der durch Arbeit seinen Lebensunterhalt verdient habe. Er schließt seine Ausführungen mit dem Erfahrungswissen: »Wenn die Acedia angreift, darf man nicht durch Ausweichen fliehen, sondern muss sie durch Widerstand besiegen.«[46]

Johannes Klimakos schreibt, wieder einmal stark: »Überdruss ist eine Erschöpfung der Seele und eine Entkräftung des Geistes, Vernachlässigung der asketischen Übung, Hass auf den Berufsstand, Seligpreisungen der Weltlichen, Verleumdung Gottes als unbarmherzig und menschenfeindlich, Unwohlsein beim Psalmenlesen, Schwächeanfall beim Gebet, Unbeugsamkeit im Dienst, Fleiß während der Handarbeit,

Tüchtigkeit im Gehorsam.« Mit den letzten Formulierungen weist der Abt vom Sinai ironisch darauf hin, dass übertriebene Arbeit und vorgeschobener Gehorsam reine Flucht sein können. Positiv schreibt er: »Einem Untergebenen ist der Überdruss unbekannt, da er mit Hilfe der wahrnehmbaren Dinge die geistigen vollbringt« – sich wirklich zu untergeben, in konkrete, materielle Arbeit, bewirkt auch Geistiges und überwindet den Überdruss. Auch Klimakos kennt die Zerstreuung: »Inmitten des Gebets erinnert er (der Überdruss) uns an unaufschiebbare Erledigungen und lässt nichts unversucht, um uns von dort wie mit einem Halfter hinwegzuzerren, der Unvernünftige!«[47]

Die Trauer (*tristitia*) wurde in früher Zeit als ein eigenes Laster gesehen, später jedoch der Acedia beigeordnet. Das bedeutet wohl, dass die Acedia jene abgrundtiefe, die Seele verschließende, starre und lebensverneinende Trauer einschließt; zu stellen ist die Frage, was diese Acedia von der Depression unterscheidet. Für die Väter ist die Acedia eine lang andauernde Belastung und eine Verdunkelung der Affekte und des Intellekts, weswegen sie auch als komplett irrational gedeutet wird.

Bei Ignatius. Ignatius war wohl die meiste Zeit seines Lebens wenig von der Acedia befallen. Im Bild, das uns von ihm überkommen ist, wirkt er energiegeladen, agil und aktiv, zielstrebig. Und doch deutet der Pilgerbericht an, dass Ignatius in Manresa Zeiten hatte, in denen er sich zurückzog, durch übertriebenes Beten und radikale Askese einen geistlichen Fortschritt zu erzwingen suchte und Phasen der Zerstreuung, der Skrupeln der Trostlosigkeit und – die Suizidgedanken zeigen es – der Depression hatte. Ohne fremde Begriffe zu sehr eintragen zu wollen, dürfen wir auch bei ihm hier an den Überdruss denken. In den Exerzitien kommt der Acedia die »Trostlosigkeit« (*desolación*) nahe: Ignatius beschreibt sie als »Dunkelheit der Seele, Verwirrung in ihr, Regung zu den niederen und irdischen Dingen, Unruhe von verschiedenen Bewegungen und Versuchungen, die zu Unglauben bewegen, ohne Hoffnung, ohne Liebe, wobei sich die Seele ganz träge, lau, traurig und wie von ihrem Schöpfer und Herrn getrennt findet« (EB 317) Hier kommen vor: die Neigung zu Kompensationen durch sinnlichen Genuss – »niedere und irdische Dinge« –, die Unruhe, die Verwirrung – man spürt sich nicht mehr, steht neben sich, ist orientierungslos, will davonlaufen –, die Trägheit, die dumpfe Trauer, die Gottferne. Phasen der Trostlosigkeit wird jede Exerzitantin früher oder später erleben, sie gehören zum geistlichen Weg dazu. Bisweilen überfällt Trostlosigkeit die Exerzitantin, ohne Anlass und ohne Ziel, mit purer Frustration und mit existentiellen Zweifeln, vielleicht auch als kaum verständliche Prüfung (EB 322,2). Bisweilen ist die Trostlosigkeit selbst gemacht, durch Trägheit im Gebet (EB 322,1), durch Hängenlassen, durch Sich-Hingeben in Aktivismus oder umgekehrt in Schläfrigkeit. Mit Aufmerksamkeit und Geduld wird die Exerzitantin aus der Trostlosigkeit wieder herausfinden, mehr durch das Wirken Gottes als durch Eigenaktivität, freilich unterstützt durch intensives Gebet. Die Trostlosigkeit ist bei Ignatius kaum Sünde, sondern eher Schicksal, zugemutet, aber in der Verweigerung und im Weglaufen wird auch die Trostlosigkeit sündige Anteile haben.

In der Gegenwart. Auf den ersten Blick erscheint die Acedia als eine schlichte, etwas banale und harmlose Sünde: Man ist schläfrig, faul und kraftlos, lässt sich hängen, chillt. Es gibt diesen optimistischen Überdruss: Man genießt einfach die Ruhe und lässt Gott einen guten Mann sein.

Auf den zweiten Blick zeigen sich hinter dem Überdruss Abgründe: ein Element der Verzweiflung, der spirituellen Gleichgültigkeit, des Neins zum Leben, vielleicht des Suizids. Der überdrüssige Mensch mag das Leben nicht mehr, und so verneint er, ohne es zu merken, Gott, den Schöpfer allen Lebens. Schließlich verneint er den Auftrag, den er von Gott erhielt, er verweigert seine Sendung – dieser Aspekt ist sehr ignatianisch, denn Ignatius definiert den Menschen von der Sendung her. Seine Briefe schließt Ignatius oft mit dem Wunsch: Mögen wir den heiligsten Willen Gottes verspüren und ihn vollständig erfüllen. Der überdrüssige Mensch will genau das nicht oder nicht mehr.

Im Überdruss begeht der Mensch – im Wortsinn – eine Untat, denn er tut nichts. Dadurch wird er geistig und geistlich unfruchtbar und betrügt sich um das Potential, das Gott in ihn gelegt hat. »Im Tiefsten ist die Acedia eine aggressive Form der Undankbarkeit.«[48] Sie verachtet Gottes Wirken, der »sich in allen geschaffenen Dingen auf dem Angesicht der Erde für mich müht und arbeitet« (EB 236). Während die Hochmütige das ihr gesetzte Maß überbietet, wird die Überdrüssige dieses selbe Maß unterbieten: Sie will nicht sein, wie Gott sie will. Sie verweigert, Gottes Ebenbild zu werden, damit verweigert sie ihre geschöpfliche Würde und Kraft.

Oft wird die Acedia mit der Schwermut gleichgesetzt, die der dänische Philosoph Søren Kierkegaard umfassend beschrieben hat. Zur Schwermut gehört die Erfahrung, dass Gott fern oder abwesend ist, und die

Erfahrung von Einsamkeit: Man zieht sich in sich selbst zurück, fühlt sich unverstanden, bricht Beziehungen ab. Auch die Melancholie wird als moderne Acedia beschrieben: Das Leben wird langsam, bis hin zum Stillstand. »Wahrscheinlich muss man die Herzensfaulheit bis in diese extreme Konsequenz verfolgen, um die nihilistische Seite zu begreifen, die diese Leidenschaft zeigt.«[49] Man holt den Tod ins Leben herein, denkt ans Sterben, will sterben. Nach Freud ist der Melancholiker stark suizidgefährdet.

Wo ist nun der Unterschied zur Depression? In den Phänomenen sind Acedia und Depression in vieler Hinsicht ähnlich, und wer von der Acedia befallen ist, kann sehr wohl auch depressiv sein. Eine schwere Depression ist eine Krankheit der Seele und braucht selbstverständlich professionelle psychiatrische oder psychotherapeutische Hilfe. Bei der Depression – das sei nur knapp angedeutet – ist die Dunkelheit mehr in der Seele. Bei der Acedia als einer geistlichen Verwerfung ist die Dunkelheit auch und vorwiegend in den Beziehungen, in jener zu Gott und in jenen zu den Menschen. Acedia hat einen willentlichen Anteil, Gott und die Menschen zu verneinen, und sie ist innerer Widerstand gegen den Geist, der antreibt und verbindet und der die Liebe ist – deswegen ist sie Abergeist und Sünde, ja Todsünde. Acedia ist – gegen den schon erfahrenen Gott – Unglaube, Hoffnungswiderspruch, Lieblosigkeit.

Acedia ist einerseits die offensichtlichste Todsünde: Jeder zieht sich mal zurück, ist faul und lustlos, bleibt passiv und verweigert sich – heute steht man dazu, ohne sich zu schämen, von sich überzeugt, bisweilen stolz. Andererseits ist sie die verborgenste Todsünde, denn man nimmt sie als solche kaum wahr: eine passive Verweigerung, die tausend Ausreden erfindet, sei es die des Selbstschutzes oder umgekehrt die der Zerstreuung und der Aktivität. Acedia ist die schleichende Gottlosigkeit nicht nur der Mönche aller Zeiten, sondern aller Menschen.

Tugenden. Ignatianisch ist das Gegenteil zur Trostlosigkeit der *Trost*: Man spürt die Gegenwart Gottes, entbrennt in Liebe zu ihm und für den Einsatz in seinem Auftrag; man empfindet Freude, Friede und Ruhe in Gott; man kann weinen – Schmerz darf sein, er darf fließen und heilen; man wächst im Glauben, in der Hoffnung, in der Liebe (vgl. EB 316). Geistlicher Trost ist nicht machbar, sondern er wird geschenkt. Man kann um Trost bitten und sich für ihn öffnen. Trost ist Orientierung: Man spürt, wohin Gott führen will, und folgt ihm dorthin großherzig. Trost ist lebendige Beziehung: zu sich selbst, zu den Mitmenschen, zu Gott. Trost ist Gebet und Arbeit, beides im rechten Maß und in der rechten Ausrichtung.
Als Gegentugend zur Acedia ist auch die *Verfügbarkeit* anzusehen: Die Verfügbare ist nicht taub für Christi Ruf, sondern sie ist »rasch und eifrig dafür, seinen heiligsten Willen zu erfüllen« (EB 91). Sie ist bereit zu arbeiten, auch wenn der Einsatz sie aus ihrer Komfortzone herausführt, sie Energie und Zeit und Geld kostet, ihr Mühsal und Beschwer bereitet und sie vielleicht gar in Widerstand oder in Anfeindung, in Ärger oder in Verletzung führt. Cassian ermahnt seine Mönche mit Rückgriff auf Paulus: »Und Eure Arbeit tut … Arbeitet mit Euren Händen, wie wir Euch befohlen haben«[50]; körperliche Arbeit hilft gegen die Acedia, und ein guter Gehorsam kann ins rechte Maß und auf die rechte Spur zurückführen.

10. Die siebte Todsünde: *vana gloria* – die Ehrsucht

Der Ehrsüchtige ist stolz: auf seine Besitztümer, die materiellen und die geistigen, auf seine Begabungen, auf seine Leistung und seine Karriere, auf seine Macht und sein Amt. Er will dafür geehrt werden, will Wertschätzung, Bewunderung. Jeder Mensch braucht Anerkennung, das ist gut so, aber wenn das Bedürfnis danach alles Sein und Handeln dominiert und zur Sucht wird, ist dieser Mensch ehrsüchtig. Ehrsucht kann zum (krankhaften) Narzissmus werden und alle Beziehungen und alles Leben vergiften. Der Ehrsüchtige vergleicht sich ständig mit anderen und findet sich besser. Seine Ehrsucht erreicht oft nur den leeren Ruhm (*vana gloria*): Dieser Ruhm beruht auf dem großartigen Anschein, der herausgeputzten Fassade, ja er ist künstlich aufgeblasen, ohne Fundament in der Realität. Solche Ehrsucht ist Eitelkeit und Leere. Begrifflich zu unterscheiden ist »Ehrsucht« – es geht um die Beziehung zu anderen Menschen – vom »Hochmut« (siehe nächstes Kapitel) – er betrifft die Beziehung zu sich selbst und zu Gott.

In der Bibel. Ein Pharisäer und ein Zöllner gehen in den Tempel, um zu beten. Der Pharisäer stellt sich vorne auf, rechnet Gott vor, was er Gutes tut, und dankt ihm, dass er »nicht wie die anderen Menschen« ist, »die Räuber, Betrüger, Ehebrecher oder auch wie dieser Zöllner dort«. Der Zöllner bleibt hinten stehen, erhebt kaum die Augen und betet: »Gott, sei mir Sünder gnädig« (Lk 18,9-14). Der Pharisäer vergleicht sich, stellt fest, er sei besser als jener, und rühmt sich dafür. Selbst der Dank für das – vermutlich tatsächliche – moralische Bessersein wird ihm zum Ausdruck von Überheblichkeit und Stolz. Als Gerechter allerdings, so sagt Jesus, geht nicht der Pharisäer, sondern der Zöllner nach Hause.

Die Mutter der Zebedäussöhne ist – natürlich vollkommen zu Recht – stolz auf ihre beiden wohlgeratenen Söhne. Sie geht zu Jesus und bittet ihn, den beiden im bald anbrechenden Reich Gottes die Plätze links und rechts neben sich, also die Ehrenplätze, zuzuweisen. Jesus erteilt ihr und den Jüngern eine Lehre, die an Deutlichkeit nichts zu wünschen übriglässt (Mt 20,20-28). Dass es nach dem Markusevangelium die Söhne selbst sind, die die besten Plätze erbitten, macht keinen großen Unterschied: Es geht um das Streben nach Ehre und um jenes nach Macht, und diese beiden sind oft eins. Plätze oder Stühle drücken Hierarchie und Vorrang, Wichtigkeit und Ehre aus – die katholische Kirche ist bis heute dem höfischen Zeremoniell treu. Wie reagiert Jesus auf diesen Anflug von Ehrsucht? Er verweist auf das Kreuz, das Maximum an Entehrung und Schmach. Lernen wir Christen das nie?

Nach dem Johannesevangelium spricht Jesus oft über die Ehre: »Wie könnt Ihr zum Glauben kommen, wenn Ihr die Ehre voneinander empfangt, nicht aber die Ehre sucht, die von dem einen Gott kommt?« (5,44). »Wer im eigenen Namen spricht, sucht seine eigene Ehre; wer aber die Ehre dessen sucht, der ihn gesandt hat, der ist glaubwürdig« (7,18). »Wenn ich mich selbst ehre, so gilt meine Ehre nichts. Mein Vater ist es, der mich ehrt, von dem ihr sagt. Er ist unser Gott« (8,54). »Wenn einer mir dient, wird der Vater ihn ehren« (Joh 12,26). Die Ehre durch Menschen zählt nicht. Alle wirkliche Ehre kommt von oben; sie ist Geschenk, und wir geben sie nach oben zurück – dem Gott, dem alle Ehre gebührt.

In der Tradition. Für die Mönchsväter ist die eitle Ruhmsucht eine häufige und höchst gefährliche, daher breit beschriebene Sünde. Evagrios Ponticos weist darauf hin, dass sich die Ruhmsucht leicht mit den Tugenden verquickt: Wer in den Tugenden aufsteigt, indem er erfolgreich die Völlerei, den Geiz, den Neid usw. bekämpft, wird von der Ehrsucht gepackt, indem er nämlich auf seine Erfolge gegen diese Laster und auf seine nun errungene Tugend stolz wird. »Die eitle Ruhmsucht wächst zusammen mit den Tugenden auf, und sie lässt nicht ab, bis sie deren Kraft zerstört hat«; sie »verdirbt den Lohn der Tugend«. Deswegen gilt: »Ein kluger Mann verbirgt seinen Schatz, und ein verständiger Mensch die Mühen der Tugend.«[51]
Für Johannes Cassian ist die Ehrsucht (*kenodoxia*) im Gegensatz zu den anderen Lastern rein geistig. Sie schlängelt sich versteckt in den Geist hinein, »vielumschlingend, vielgestaltig und schillernd«. Wem dieser Dämon »nicht unter dem Mäntelchen eines gegürteten und gleißend schönen Gewandes die Kenodoxia anhängen kann, dem versucht er sie unter einem schmutzigen, ungepflegten und schäbigen Gewand einzusäen. Wen er nicht durch Ruhm und Ehre stürzen kann, den reißt er durch Demut nieder … Wer vor den Augen der anderen fastet, den schlägt eitles Sich-Rühmen. Wer es im Verborgenen tut, weil er die Ehre verachtet, wird vom selben Laster der Überheblichkeit betäubt.«[52] Die Ehrsucht geht also mit gegensätzlichen Strategien voran: Sie macht stolz auf schöne

Kleidung – oder gerade auf ärmliche; auf das Lob der anderen – oder auf die eigene Demut; weil andere das Fasten oder Beten sehen und loben – oder weil man es nicht zeigt. Die Ehrsucht schlägt den Streiter Christi, wenn sie es direkt nicht schafft, mit dessen eigenen Waffen: Im Kampf den Stolz überwunden zu haben, macht ihn neu stolz.

Johannes Klimakos spricht von der Eitelkeit. Auch er schreibt zum Erfolg im geistlichen Kampf: »Bei jedem Erfolg freut sich die Eitelkeit. Damit meine ich: Faste ich, so werde ich eitel, und breche ich das Fasten, um nicht in meiner Tugend erkannt zu werden, werde ich schon wieder eitel! Bin ich prächtig gekleidet, werde ich von ihr bezwungen, und wechsle ich in billige Kleidung, werde ich wieder eitel! Rede ich, überwindet sie mich, und schweige ich, bin ich erst recht wieder besiegt worden. Wohin man diesen Dämon auch wirft, bleibt er aufrecht stehen!« Zur geistlichen Bedeutung der Ehrsucht schreibt Klimakos: »Der Eitle ist ein gläubiger Götzendiener, der dem Schein nach Gott verehrt, in Wirklichkeit aber den Menschen und nicht Gott zu gefallen sucht. Eitel ist jeder, der sich gerne vorzeigt. Das Fasten des Eitlen bleibt ohne Lohn und sein Gebet ohne Wert, denn beides führt er aus um des Lobes der Menschen willen. Ein eitler Asket fügt sich doppeltes Unrecht zu: Er reibt sich den Leib auf und erhält dafür keinen Lohn.«[53]

Erasmus von Rotterdam († 1536) beschreibt, warum einer den anderen ehrt: Manchmal ehrt man, weil man den Geehrten fürchtet, oder man ehrt für Schimpfliches. Doch kann auch Folgendes geschehen: »Vielleicht meint er [der dich Ehrende] auch, du seist mit solchen Dingen ausgestattet, denen man Ehre schuldet. Ist seine Meinung irrig, so sei darauf bedacht, das zu werden, wofür er dich hält; besteht seine Meinung aber zu Recht, so schreibe alle Ehre dem zu, dem du sie schuldest und dem du all das verdankst, wofür man dir Ehre erweist. Denn es steht dir nicht zu, dir selbst Ehre anzumaßen, wie du auch dir selbst nicht Tugend zuschreiben darfst.«[54] Ignatius kannte das Buch seines Zeitgenossen Erasmus; dass wir die uns zu Recht erwiesene Ehre an Gott, den Urheber aller Gaben, weiterreichen sollen, wird zu einem zentralen Moment seiner Spiritualität.

Bei Ignatius. Wie schon zitiert, schrieb er kritisch über seine Jugendzeit: »Bis zum Alter von 26 Jahren war er ein den Eitelkeiten der Welt ergebener Mensch und vergnügte sich hauptsächlich an Waffenübungen, mit einem großen und eitlen Verlangen, Ehre zu gewinnen« (BP 1) – das ist sehr deutlich, auch wenn ihn als Konvertit der Lebensrückblick zum Überzeichnen geführt haben mochte.

Nach seiner Verletzung in Pamplona lag er auf dem Krankenlager in Loyola und bekam die Phantasie, in sein früheres Leben in die »Welt«, zu den »eitlen Dingen« (BP 6) zurückzukehren – in diesem Moment durchschaute er die Phantasie als vom bösen Geist kommend und distanzierte sich von ihr.

Vor seiner Pilgerfahrt nach Jerusalem wagte er nicht, den Leuten zu erzählen, er wolle ins Heilige Land fahren, »aus Furcht vor eitlem Ruhm«; auch erzählte er nichts von seiner adligen Herkunft (BP 26) – zu diesem Zeitpunkt hatte er schon über seine Ehrsucht reflektiert und arbeitete gegen sie an.

Am Ende seines Lebens erschien Ignatius durchgehend als der große Heilige. Aber könnte er, bei aller Demut usw., nicht doch ein wenig stolz gewesen sein auf sein Lebenswerk, die Gesellschaft Jesu? Da Câmara, ein enger Mitarbeiter, berichtete über ihn: »Als einmal ein Arzt sagte, er dürfe keine Melancholie bekommen, sie würde ihm schaden, sagte der Vater danach: Ich habe nachgedacht, bei was mir Melancholie käme, und ich habe nichts gefunden, außer wenn der Papst die Gesellschaft gänzlich zunichtemachte. Und auch damit, so meine ich selbst, würde ich, wenn ich mich eine Viertelstunde im Gebet zurückzöge, so fröhlich wie zuvor oder noch fröhlicher sein.«[55] Ob Ignatius sich da richtig einschätzte? Kann man glauben oder nicht. Und ob Ignatius auf diese spirituelle Meisterleistung nicht doch ein wenig stolz gewesen wäre? Aber lassen wir das Spekulieren über den Stolz anderer …

In den Exerzitien hat die »eitle Ehre der Welt« einen prominenten Platz: In der Zwei-Banner-Betrachtung verführt, wie schon erwähnt, der Teufel seine Dämonen und über sie die Menschen zuerst zur Begierde nach Reichtum, dann darüber zur Ehrsucht und schließlich zum gesteigerten Hochmut (EB 142). Die Ehrsucht kommt also aus dem Besitz: Vor anderen wird man auf all das stolz, was man erwarb oder geschenkt bekam, was man leistete oder erreichte. Da aber alles von anderen und letztlich von oben gegeben ist, verbietet sich der Stolz auf sich selbst.

»Furcht um die Ehre der Welt« gilt als Hindernis für den geistlichen Weg (EB 9). Umgekehrt gehört zur Liebe, dass man nicht nur Besitztümer mit anderen austauscht, sondern auch »Ehren« (EB 231). Wer also die Angst um seine Ehre und das Klammern an sie überwunden hat, kann sie anderen weiterreichen und wächst dadurch in der Liebe und im geistlichen Leben.

In den Satzungen des Ordens weist Ignatius darauf hin, dass Kandidaten für das Noviziat all das gänzlich verabscheuen müssen, »was die Welt liebt und umarmt«. »Wie die Weltleute … mit solchem Eifer Ehre, Ruhm und Ansehen eines großen Namens auf Erden suchen und lieben, wie die Welt es sie lehrt, so lieben und verlangen diejenigen, die im Geist gehen und ernstlich Christus, unserem Herrn, nachfolgen, inständig das ganze Gegenteil.« Dieses besteht in der »Kleidung und Diensttracht unseres Herrn« und, soweit von Gott gewollt, auch in Schmähungen und Beschimpfungen usw. (Sa 101). Wer dem Herrn nachfolgen will, macht sich – gleichsam als Gegengift für die eitle Ehrsucht – bereit, das Kreuz Christi zu tragen.
Dass wir Christen »alles zur größeren Ehre Gottes« vollbringen, wurde zum Leitspruch der Jesuiten: Mit allen anderen Christen empfangen sie Ehren nicht für sich, sondern wenn sie geehrt werden, fließt diese Ehre gleichsam durch sie hindurch und weiter zu jenem Gott, der Geber aller Gaben und Ursprung und Vollender aller guten Taten ist.

In der Gegenwart. Viel ist dem, was die Tradition sagt, nicht hinzuzufügen. Ja, der Stolz oder die Ehrsucht ist eine geistige Sünde: In der Phantasie findet der Mensch sich irgendwie ziemlich gut oder ganz toll, jedenfalls besser als die anderen. Ja, die anderen sollten das endlich anerkennen, und wenn sie es tun, dann ist ihr Lob nur recht und billig. Ja, ich stelle meine Heldentaten nicht selbst vor anderen aus, aber ich erwarte durchaus, dass die anderen diese erkennen und ausstellen. Ja, ich finde mich darin ziemlich gut, dass ich meine Größe eben nicht herausstelle und das nicht nötig habe. Ja, ich erwarte, dass andere sehen, wie bescheiden ich bin. Ja, zu Recht erzählen sie einander, wie demütig ich bin – mir das zu erzählen, ist nicht nötig, denn ich weiß es schon. Ja, wenn ich versteckt doch ein wenig stolz auf meine Leistung bin oder auf mein geordnetes und demütiges Leben, ist das sicherlich noch keine Sünde …

Das Problem der Ehrsucht ist weniger jene Ehre, die zu Unrecht zugesprochen wird: Diese ist nur Schmeichelei, und die Geehrte kann sie – wenn sie einigermaßen aufmerksam und ehrlich mit sich ist – schnell durchschauen, sie kann sie unrecht oder lästig finden und sich von ihr distanzieren. Das Problem liegt vielmehr in der zu Recht zuerkannten Ehre: Wenn die Geehrte wirklich begabt ist und einiges kann und leistet, wird sie dafür anerkannt und geschätzt und gelobt. Das ist im Grunde sehr gut! Nur darf es jener Leistungsträgerin nicht zu Kopfe steigen. Und sie darf nicht noch mehr leisten mit der Absicht, noch mehr gelobt und geehrt zu werden – sonst bleibt sie im narzisstischen Zirkel gefangen. Mehr leisten soll sie dann, wenn sie sich gerufen weiß, mehr für andere und für Gott zu tun, unabhängig von allem Lob und allen Ehren.

Besonders riskant ist die Ehrsucht für geistliche Menschen und für solche, die sich in der Kirche engagieren: Sie beten regelmäßig und intensiv – das ist doch sehr lobenswert! Sie tun so unendlich viel für andere – das muss man doch mal zeigen dürfen! Wir Christen gehen doch besonders menschlich und liebevoll miteinander um – da gehört doch gelegentlich ein dickes Ja dazu! Seelsorgliche Arbeit ist heute wenig von äußeren Erfolgen gekrönt, oft ist sie eher vergeblich und frustrierend – dafür gebührt uns doch wenigstens ab und zu ein Lob! Diese Mechanismen der Seele sind vertraut und verständlich. Aber sie führen leicht in die Endlosschleife der Ehrsucht – wenn wir schon nicht auf Erfolg stolz sein können, dann wenigstens auf das trotzige Durchhalten in der Erfolglosigkeit! Selig, wer in dieser Situation einfach gibt und am Ende sich selbst und sein Leben einsetzt, in wirklicher Bescheidenheit und in Demut.

Tugenden. Wirksamstes Gegengift ist wohl – er wurde schon erwähnt – der *Dank*: Etwa im Tagesrückblick am Abend ruft man sich die empfangenen Gaben und Wohltaten des Tages ins Gedächtnis (vgl. EB 234), freut sich über sie, genießt sie nochmals und dankt ausdrücklich und konkret dem Geber dieser Gaben. Durch den Dank anerkennt der Beter, dass nicht er der Schöpfer guter Dinge ist, für die er mit Recht geehrt werden möchte, sondern dass er sie vom himmlischen Schöpfer bekommt und folglich Gott allein Dank, Lob und Ehre gebühren. Gott wirkt an einem Menschen und gleichzeitig durch diesen Menschen an anderen – aber es ist Gott, der wirkt, und ihm gilt die Verehrung. Wem ein tief empfundener Dank das Leben durchwaltet, der kann nicht mehr eitel werden – der Engel des Dankes hat den Dämon der Ehrsucht besiegt.
Das Gegenteil der Ehrsucht ist die *Ehrfurcht* (bei Ignatius: *reverencia*): Darunter versteht man »die Erfahrung von etwas Größerem, dem der Mensch sowohl in staunender Nähe wie in scheuem Zurückweichen begegnet. Sie ist eine starke Präsenzerfahrung des Selbst und zugleich eine Transzendenzerfahrung: ein Überstieg auf den anderen hin. Ehrfurcht zu Gott gibt Gott *Ehre*, also Respekt und Wertschätzung, ist aber auch *Furcht*, nicht als Angst vor Bedrohung, sondern eher

als Scheu und Scham, ja Demut, also Anerkennen des Geringseins vor dem gewaltig Numinosen.«[56] Ehrfurcht ist Glaube an Gott, Ehrsucht ist Ichsucht und Unglaube. Ignatius spricht in seinem Tagebuch von der »ehrfürchtigen Liebe« (*amor reverencial*) – eine Liebe voll Respekt und Unterscheidung der Geister, voll Demut und Hingabe.

Schon erwähnt als Gegenmittel zur Ehrsucht wurde die *Kreuzesnachfolge*: Die Exerzitantin ist bereit, auf ihrem Weg mit Christus auch Ablehnung und Widerstand, Schmähung und Verfolgung auf sich zu nehmen, wenn Gott ihr solches zumutet. Sie ist bereit – das bedeutet keineswegs, sie suche dieses Leiden, sondern im Gegenteil: Wie Jesus in Getsemani bittet sie darum, dass der Kelch an ihr vorübergehe, aber zugleich soll nicht ihr Wille geschehen, sondern der des Vaters (vgl. Lk 22,42). Wird sie zum Kreuz geführt, so bleibt ihr meist der Sinn des Kreuztragens dunkel, aber sie vertraut darauf, dass auch dieser Kreuzweg seinen Sinn haben wird. Ihrer Ehre beraubt, hat sie der Ehrsucht entsagt und ist frei geworden von dieser letzten und abgründigsten Todsünde.

11. Die Wurzel aller Sünden: *superbia* – der Hochmut

Der Hochmütige ist sich selbst genug: Er hält sich für so viel höher und besser, dass er auf andere lässig herabschauen und sich zugleich vor ihnen verschließen kann. Er vergleicht sich nicht mehr, ist nicht mehr neidisch oder gierig. Im Gegensatz zum Ehrsüchtigen braucht er keine Bewunderer, keine Höflinge, keinen großen Medienauftritt, ihm genügt sein Schloss auf dem Berg, in dem er ganz allein residiert und sich selbst bewundert. Dieser Hochmut ist gleichsam ein Ego-Hochmut. Wer zudem religiös hochmütig ist, fühlt sich besonders von Gott erwählt und begnadet. Immer ist er im geistlichen Trost, nichts kann ihn mehr anfechten, verunsichern, in Zweifel stürzen. Der Welt und den Menschen enthoben, ist er dem Himmel und dessen Herrn ganz nahe. Er könnte sich von der Zinne des Tempels herabstürzen – die Engel würden ihn auffangen (vgl. Lk 4,9-11); dieser Hochmut ist ein geistlicher Hochmut.

Der Hochmut beginnt nach jüdisch-christlicher Tradition ganz oben, mit der Engelsünde im Himmel. Die Engel waren geschaffen, um Gott zu loben und ihm die Ehre zu erweisen. Aber in Freiheit, aus purem Hochmut, erhoben sie sich gegen Gott. Sie wurden verworfen und »aus dem Himmel zur Hölle gestoßen« – Ignatius lässt diesen Ursprung des Bösen ausdrücklich betrachten (EB 50).[57]

Im Paradies verführt die Schlange, Symbol des Bösen, die Menschen. Sie sollen von den Früchten des verbotenen Baumes essen, denn: »Sobald ihr davon esst, gehen euch die Augen auf; ihr werdet wie Gott und erkennt Gut und Böse« (Gen 2,5). Adam, der Mensch, ist Geschöpf, also begrenzt; es steht ihm nicht alles zu. Er ist zwar Ebenbild Gottes und daher Gott schon ganz nahe, aber er muss die schmale, aber fundamentale Grenze, die ihn von Gott trennt, respektieren. Überschreitet er sie, will er sein wie Gott und Gut und Böse erkennen. Am Ursprung aller menschlichen Sünde steht also, größer und klüger sein zu wollen, als man ist, und zwar so groß und so klug und so weise, wie nur Gott ist – genau das ist Hochmut.[58]

Woher dieser Hochmut? Der Abstand des Ebenbildes zum Urbild ist ja nur klein, und eine große Machtfülle hat der Mensch durchaus – die Lust zum Umsturz liegt da einfach nahe. »Der Hochmut ist ein Lebenskonstitutivum, das mit der Endlichkeit des Menschen und seiner Güter gesetzt ist und sich aus der Unendlichkeit seiner Ansprüche nährt.«[59] Mit den Mystikern kann man auch vom »Seelenfünklein« sprechen: Im Inneren des Menschen ist ein wunderbarer Sinn für das Göttliche angelegt, ein Verspüren des göttlichen Glanzes, eine Fähigkeit, sich selbst auf Gott hin zu transzendieren – allerdings regt diese im Grunde großartige innere Offenheit und Empfänglichkeit für Gott den Menschen an, seine geschöpflichen Grenzen zu überschreiten und sein zu wollen wie sein göttlicher Schöpfer.

Hochmut ist – das darf man durchaus mit der psychologischen Kategorie des Narzissmus deuten –, größer und mächtiger, klüger und schöner, wichtiger und begehrter sein zu wollen, als man es in der Realität ist. Wobei die Hochmütige dies alles nicht nur künftig erreichen will, sondern sich schon jetzt für größer und wichtiger hält. Damit hat sie die Realität verlassen und lebt in der Illusion, ja in der Lüge. Sie verleugnet, dass sie endlich und geschaffen, mittelmäßig und begrenzt ist, ja sie verleugnet ihren Schöpfer und Herrn. Mit der gekappten Beziehung zu Gott verleugnet sie auch den Glauben an Gott. Indem sie sich zu Gott macht, sündigt sie gegen das erste Gebot – sie etabliert und verehrt sich selbst als Gott neben und vor Gott. Hochmut ist damit Götzendienst, ja Heidentum. Kein Wunder, dass Ignatius in den Exerzitien auch die Sünde Adams und Evas ausdrücklich betrachten lässt (EB 51).

Warum ist der Hochmut die Wurzel aller Sünden, die Mutter aller Laster? Wer sich für Gott hält, darf alles, ihm gehört alles, er beansprucht alles. Also ermächtigt er sich, gefräßig und wollüstig zu sein, geizig und habgierig. Ebenso meint er, sich zu Recht vom Zorn reiten lassen zu dürfen auf alle, die ihn in seiner Größe bezweifeln oder einfach nur schwächer und fehleranfälliger sind als er. Ebenso wird er neidisch auf andere Große, auch auf andere, die sich wie er für Götter halten, und schließlich auf den wahren Gott selbst, den er ja doch – auch wenn ihm das überhaupt nicht schmeckt – als größer anerkennen muss. Auch ist er des Irdischen überdrüssig, er wird faul, entfernt sich möglicherweise von Gott – er hat ja alles, braucht Gott nicht. Schließlich wird er zeitweise doch ein bisschen ehrsüchtig, denn so ganz alleine macht der Hochmut keinen Spaß – andere sollen ehrfürchtig zu seinem Schloss aufschauen und seinen Besitz, seine Überlegenheit und sein Erwähltsein doch endlich anerkennen. Nochmals anders gesagt: Die Hochmütige hat ein so großes, aufgeblasenes Ego, dass alles sich ihr unterordnen muss und sie alles besitzen und verschlingen will.[60]

Obwohl der Ehrsucht sehr ähnlich, hat man – wie beschrieben – im Lauf der Geschichte den Hochmut, der zunächst eines der acht Laster war, aus den später so bezeichneten Todsünden ausgesondert und als Wurzelsünde der verbleibenden sieben Todsünden erkannt. Im alten Bild der Himmelsleiter gesprochen: Wer die sieben Todsünden mit viel Gebet und Aszese überwunden hat und damit die geistliche Leiter ganz hinaufgestiegen ist, fällt durch geistlichen Hochmut von oben nach unten und muss wieder von vorne anfangen. Das Bild ist jedoch unvollkommen, denn man kann nicht eine »Leiter aufsteigen«: Dieses Stufenverständnis des geistlichen Wegs wäre zu asketisch, zu voluntaristisch (willensorientiert) – und vermutlich auch ein grandioser Selbstbetrug. Vielmehr können sich der Sünder und die Sünderin nur dem Herrn hinhalten und um Vergebung und Umkehr bitten, ganz unabhängig davon, bei welcher der Sünden sie ihre hauptsächlichen Verfehlungen sehen. Und immer können und sollen sie bitten, vor Hochmut bewahrt zu werden, denn in diesen fällt man oft unbemerkt und sehr subtil, und aus ihm erwachsen all die anderen Laster. Zur Verborgenheit des Hochmuts sagt ein islamisches Sprichwort: »Eher findet man in einer schwarzen Nacht auf einem schwarzen Stein einen schwarzen Käfer als den Hochmut im eigenen Herzen.«
Auch nach dem Exerzitienbuch erwächst der Hochmut aus Reichtum und Ehrsucht, er ist die dritte »Stufe« der Laster, zu denen der »Anführer aller Feinde«, der Teufel, verführt (EB 140-142). Übrigens nennt Ignatius einen Grund, warum wir im Gebet manchmal trostlos sind: damit wir uns nicht in geistlichen Hochmut erheben (EB 322,3). Gott selbst wendet subtile Taktiken an, um uns gegen den Hochmut

zu helfen. Auch wenn Trostlosigkeit eine wahrlich bittere Medizin ist: Offensichtlich brauchen wir sie gelegentlich.

Noch einmal Johannes Klimakos: »Es berichtete mir jemand, der die Gabe des Sehens besitzt: Als ich einmal in einer Versammlung saß, kamen zu mir der Dämon der Eitelkeit und der des Hochmuts und nahmen zu meinen beiden Seiten Platz. Der eine stieß mir mit seinem eitlen Finger in die Rippen und forderte mich auf, ein Gesicht oder eine Leistung, die ich in der Einöde vollbracht hatte, zum Besten zu geben. Sobald ich diesen zurückgewiesen hatte mit der Bemerkung ›Es sollen zurückweichen und zum Spott werden, die mir Übles wünschen‹ (Ps 69,3), flüsterte mir gleich der zu meiner Linken ins Ohr: ›Bravo, gut gemacht, mit diesem Sieg über meine unverschämte Mutter gehörst du zu den ganz Großen!‹ – welchem ich trefflich mit dem Aufgreifen des gleichen Verses entgegnete … Auf meine Frage hin, auf welche Weise die Eitelkeit die Mutter des Hochmuts ist, antwortete er: ›Die vielen Loberweise machen stolz und überheblich. Hat sich die Seele aber einmal erhoben, nimmt sich ihrer der Hochmut an und trägt sie bis zum Himmel, um sie dann in den tiefsten Abgrund zu stürzen‹.«[61]

Das Gegenteil des Hochmuts ist – ganz einfach und klar – die Demut. Bei wohl allen geistlichen Meisterinnen und bei allen Mystikern spielt sie eine immense Rolle. Demut ist nicht Demütigung: Diese meint, dass man andere kleiner macht, als sie sind, um sie abzuwerten und einzuengen oder um sich selbst größer zu machen und über andere zu erheben. Ebenso wenig meint Demut eine falsche und schädliche Selbstdemütigung oder -entwertung. Demut meint eher die Anerkennung der Grenzen: der geschöpflichen und der biographischen, der persönlichen und der sozialen, der leiblichen und der geistigen Grenzen – realistisch, ehrlich und nüchtern, ohne gespielte Bescheidenheit oder sonst eine Manipulation. Grenzen zu respektieren, schmeckt uns nicht – das dürfen wir durchaus zugeben. Um Grenzen kennenzulernen, muss man an sie stoßen und sie wohl auch gelegentlich übertreten – ganz ohne Sünden reifen wir nicht. Auch das ist eine Begrenztheit des Geistes und des Leibes. Das rechte Maß in allem Wollen und Begehren zu finden, bleibt ein lebenslanges Suchen und Ringen.

Ignatius unterscheidet drei Weisen der Demut (EB 164-168): Bei der ersten Weise will man in allem dem Gesetz Gottes gehorchen und keine Todsünde begehen. Bei der zweiten Weise ist man indifferent, also bereit, auch Armut, kurzes Leben und Krankheit anzunehmen, soweit Gott das will (vgl. EB 23), und man begeht keine lässliche Sünde. Die dritte Weise umfasst darüber hinaus, dass man dem gekreuzigten Christus ähnlich werden, also Armut und Schmähung und Leiden erfahren will. Wie dem auch sei – die Auslegung dieses Textes ist sehr komplex[62] –, für Ignatius hat Demut sehr viel mit einem realistisch-begrenzten Leben im Irdischen zu tun: Da gibt es ein zu beachtendes Gesetz Gottes, es gibt Grenzen in Dauer, Gesundheit und Erfülltheit des Lebens, und es gibt das Böse, dem wir bisweilen ausgesetzt sind und dem wir uns – mit dem Gekreuzigten – willentlich stellen. Der Hochmütige flieht das alles, denn er wähnt sich dem Irdischen enthoben, kennt keine Grenzen, will kein Leid, hält sich für Gott. Übrigens ist auch nach Ignatius die Demut keine zu erringende Leistung, sondern derjenige, der demütig werden will, bittet darum, dass ihn der Herr zur Demut erwählen wolle (vgl. EB 168). Und Ignatius warnt in seinen Schriften immer wieder vor falscher Demut, etwa wenn man aus Angst davor, hochmütig zu werden, das empfangene Gute nicht anerkennt und Gott dafür nicht lobt.[63]

Spätestens am Ende der Tage vernichtet Gott den Hochmut: »Er zerstreut, die im Herzen voll Hochmut sind; er stürzt die Mächtigen vom Thron und erhöht die Niedrigen« (Lk 1,51f.) – Maria bringt es im Magnificat unübertrefflich auf den Punkt. Schon das Alte Testament ist voller Hinweise: »Hoffart kommt vor dem Sturz, und Hochmut kommt vor dem Fall« (Spr 16,18). »Er bricht den Hochmut der Fürsten, furchterregend ist er für die Könige der Erde« (Ps 76,13). »Dem Hochmut der Stolzen mache ich ein Ende, und ich werfe die hochmütigen Tyrannen zu Boden« (Jes 13,11). »Ich mache dem Hochmut der Mächtigen ein Ende, ihre Heiligtümer werden entweiht« (Ez 7,24). Die Aktualität – auch die politische Brisanz – dieser wenigen Worte ist bestürzend.

12. Zum Ende: Neue Todsünden?

Als der frisch gewählte Papst Franziskus von seinem ersten Interviewer gefragt wurde, wer er sei, antwortete er: »Ich bin ein Sünder.« Die Welt – auch die katholische – war verblüfft, denn eine solche Selbstidentifizierung dieses hohen Würdenträgers hätte niemand erwartet. Hat das Bekenntnis des Papstes den einen oder anderen Zeitgenossen angeregt, über seine eigene Sünde oder über seine Identität als Sünder nachzudenken? Wäre zu hoffen.

Wo ist heute die Sünde zu verorten? Wie kann man die klassischen sieben Todsünden neu bestimmen? Gibt es dafür heutige Begriffe, Formeln, Bilder, Perspektiven?

Mahatma Gandhi erstellte eine Liste von sieben »gesellschaftlichen Todsünden«[64] – ich versuche, sie etwas auszudeuten:

1. *Politik ohne Prinzipien.* Was nach Gandhi fehlt, ist Recht und Gerechtigkeit, und er meint klare ethische Grundsätze.
2. *Geschäfte ohne Moral.* Der skrupellose Geschäftemacher setzt seine Gewinn-Absicht auf Kosten anderer durch.
3. *Wohlergehen ohne Arbeit.* Arbeit schafft Würde. Reiche leben bisweilen nur von ihrem Reichtum, ohne sich dafür anstrengen zu müssen.
4. *Bildung ohne Charakter.* Bildung will nicht nur Wissen und Expertise vermitteln, sondern den Charakter bilden, mit Geist und Ethik und mit der Offenheit für Religion.

5. *Wissenschaft ohne Menschlichkeit.* Wissen wird für Politik oder Ideologie verfälscht; oder es wird unethisch angewandt für partikulare Interessen.
6. *Genießen ohne Verantwortung.* Gottes gute Gaben werden zum Genuss Einzelner oder von Gruppen verprasst, oft mit großen ökologischen und sozialen Schäden.
7. *Religion ohne Opfer.* Wer glaubt – ob religiös oder anders –, soll nicht nur spirituelle Wellness suchen, sondern seinen Glauben in Taten umsetzen; das geht nicht ohne Anstrengung, Hingabe, Verzicht.

Mahatma Gandhi hat immer wieder vor diesen gesellschaftlichen Todsünden gewarnt, vor allem jedoch hat er mit seinem Leben gegen sie gekämpft.

Mehr zum Schmunzeln hier eine Zusammenstellung der sieben digitalen Todsünden:

1. Trägheit	netflix
2. Völlerei	lieferando
3. Neid	instagram
4. Zorn	twitter
5. Habgier	amazon
6. Wollust	tinder
7. Hochmut	linked in[65]

Jürgen Werner – nochmals zum Schmunzeln – fasst die Todsünden in Imperative:

1. Zorn:	Weg mit Dir von mir!
2. Wollust:	Hin mit mir zu Dir!
3. Völlerei:	Her mit diesen zu mir!
4. Geiz:	Weg mit Dir von meinem!
5. Neid:	Her mit Deinem zu mir!
6. Stolz:	Hin mit mir zu mir!
7. Traurigkeit:	Weg mit mir von mir?![66]

Ich selbst würde – jetzt wieder ganz seriös – folgende sieben Todsünden der Gegenwart benennen, wohl wissend, dass die Begriffe nicht randscharf zu trennen sind und man sie auch anders formulieren könnte – aber es kommt nicht auf die Begriffe an, sondern auf das, was sie unvollkommen zu sagen versuchen:

1. *Gier*. In ihr sind die Völlerei, die Wollust und der Geiz eingeschlossen, vielleicht auch der Drogenmissbrauch, die Internetsucht, die Pornogier, schließlich auch – sozial und politisch – die ganze ungerechte und ausbeuterische Ordnung der Weltwirtschaft.
2. *Lüge*. Medien ermöglichen und fördern heute die Lüge stärker, als das früher überhaupt vorstellbar war. Das Lügen – von Einzelnen und von Gruppen, Institutionen – vergiftet Beziehungen. Aus der Lüge entstehen Manipulation und Machtmissbrauch, Populismus, Autoritarismus und Ideologie.
3. *Ausgrenzung*: Einzelne oder Gruppen werten andere ab, sie verachten und diskriminieren sie: wegen ihrer Ethnie oder ihrer Sprache, wegen ihres Geschlechts oder ihrer sexuellen Orientierung, wegen ihrer Religion oder ihrer Kultur, wegen ihrer Nationalität oder ihres Bildungsstandes, wegen ihrer Armut oder ihrer Krankheit oder ihrer Verletztheit.
4. *Machtmissbrauch*: Wer Macht hat durch Alter oder Stärke, durch Besitz oder Kompetenz, durch Amt oder Charisma, durch Zugehörigkeit zu einer mächtigen Clique oder Waffenbesitz, missbraucht diese Macht zum Genuss und zum Vorteil seiner selbst oder seiner Gruppe.
5. *Öko-Ignoranz*. Um ihren hohen Lebensstandard zu erhalten, verbrauchen die Ignoranten oder die ignorante soziale Schicht oder Nation zu viele Res-

sourcen. Sie zerstören die Umwelt und schädigen so andere Nationen und vor allem spätere Generationen.
6. *Undank.* Wer nicht dankbar ist, wird stolz auf seine Begabung und auf seine Leistung, auf seinen Besitz und auf sein Erwähltsein. Er erhöht sich über andere und vergisst Gott.
7. *Narzissmus.* Ein sich als klein empfindendes Ich bläst sich auf. Dieses künstlich vergrößerte Ich giert nach Bewunderung und Macht, es umgibt sich mit Höflingen und weist Kritik als Majestätsbeleidigung ab, es macht andere Menschen klein und beutet sie aus, es macht sich zu Gott.

Andere Listen ließen sich zusammenstellen. Der Leser und die Leserin mögen den Mut haben, selbst eine Liste zu schreiben. Vielleicht eine mit den Hauptsünden der Gesellschaft oder der Weltpolitik. Oder eine Liste der eigenen, persönlichen Sünden: Vielleicht findet man die *eine* Wurzelsünde, oder man findet mehrere – gerade sieben? – sündige Haltungen.[67] Der Umkehr und dem geistlichen Vorangehen wird diese Besinnung nur dienen.
Zum Schluss nochmals ein Ignatius-Zitat: »Ein jeder bedenke, dass er in allen geistlichen Dingen so viel Nutzen haben wird, als er aus seiner Eigenliebe, seinem Eigenwillen und seinem Eigeninteresse herausgeht« (EB 189).

Anmerkungen

[1] Dazu Stefan Kiechle, Warum leiden?, Würzburg 2011.
[2] Zu seiner Lebensgeschichte und zur Einführung in seine Spiritualität: Stefan Kiechle, Ignatius von Loyola. Leben – Werk – Spiritualität, Würzburg [3]2010.
[3] Um die komplizierte gendergerechte Sprache zu vermeiden, werde ich in den folgenden Kapiteln des Buches zwischen männlichen und weiblichen Subjekten abwechseln. Der Wechsel ist rein sprachlich bedingt und bedeutet nicht, dass ich etwa bestimmte Sünden mehr den Männern und andere mehr den Frauen zuordne.
[4] »BP« meint den Bericht des Pilgers, die Autobiographie des Ignatius, mit Randnummer; abgedruckt in: Ignatius von Loyola, Gründungstexte der Gesellschaft Jesu, ed. Peter Knauer, Würzburg 1998 (=GT), 1-84, und in Einzelausgaben.
[5] Man denke nur an Martin Luthers Sündenängste und an seine Suche »nach dem gnädigen Gott«.
[6] Exerzitienbuch (=EB), mit Randnummer; abgedruckt in: GT (Anm. 4), 85-269, und in Einzelausgaben.
[7] Ausführlicher zur Sündentheologie des Exerzitienbuchs: Stefan Kiechle, Gott die Ehre. Kurze Theologie der ignatianischen Exerzitien, Würzburg 2021.
[8] So ein spanisches Lexikon zur ignatianischen Spiritualität: *Diccionario de espiritualidad ignaciana*, Madrid 2007, Sp. 1421.
[9] Brief an Simon Rodriguez vom 18. März 1542, in: Ignatius von Loyola, Briefe und Unterweisungen, Würzburg 1993 (=BU), 68.
[10] LThK 3. Aufl., Bd. 9, Sp. 1129.
[11] Ein strenger (naturwissenschaftlicher) Determinismus bestreitet jegliche Willensfreiheit des Menschen. Dann gibt es keine Sünde und keine Verantwortung. Auch der Holocaust wäre ein neuronaler Unfall. Demgegenüber hält das christliche Menschenbild immer an einer zwar relativen (etwa durch psychische Krankheit oder andere Faktoren eingeschränkten), aber doch bestimmbaren Freiheit und Verantwortlichkeit fest.
[12] Papst Franziskus hat sich, etwa bei Bemerkungen über Homosexualität, für diesen »jesuitischen« Zugang zu moraltheologischen Fragen immer wieder von konservativer Seite Kritik eingehandelt.
[13] Evagrios Pontikos, Über die acht Gedanken, Beuron [3]2016, 13.
[14] Ebd. 19.

[15] Bernard McGinn, Die Mystik im Abendland, Bd. 1, 222.
[16] Ausführlicher zu dieser sehr differenzierten Geschichte: *Dictionnaire de Spiritualité* (=DSp) 12, 853ff.
[17] Zit. nach: Francine Prose, Völlerei. Die köstlichste Todsünde, Berlin 2009, 15.
[18] Heiliger Johannes vom Sinai, Klimax oder die Himmelsleiter, Athen 2000, 167.
[19] Johannes Cassian, Die Heilmittel der acht Hauptlaster. *De octo principalium vitiorum remediis*, Münsterschwarzach 2019, Nr. 5,8, 119.
[20] Prose (Anm. 17) 13.
[21] Ebd. 45.
[22] Satzungen der Gesellschaft Jesu (=Sa), mit Randnummer; abgedruckt in: GT (Anm. 4), 580-827.
[23] Hinweise u.a. bei Ruusbroeck und Johannes vom Kreuz; vgl. DSp 6,622; der DSp enthält übrigens auch Artikel zu *avarice spirituelle* und zu *luxure spirituelle.*
[24] Lat. *luxuria* ist ursprünglich weiter, es meint »Ausschweifung« nicht nur sexuell, sondern auch in Bezug auf Geld, Essen, Macht ... Als eine der sieben Todsünden wird das lateinische Wort aber meist mit Fokus auf das Sexuelle verwendet.
[25] Simon Blackburn, Wollust. Die schönste Todsünde, Berlin 2008, 28.
[26] Evagrios Ponticos (Anm. 13) 37ff.
[27] Ausführlicher zur Keuschheit: Joachim Negel, Freundschaft. Von der Tiefe und Vielfalt einer Lebensform, Freiburg 2019, 246-259.
[28] Das aramäische Wort »Mammon« meint »Besitz«, »Vermögen«. Im Matthäus-Evangelium eher negativ gebraucht, wird es von Luther nicht übersetzt und daher zu einem deutschen Lehnwort, das den unredlich erworbenen, aufgehäuften und geizig bewahrten Besitz im Sinne des »schnöden Mammon« meint.
[29] Evagrios Ponticos (Anm. 13) 44.
[30] Heiliger Johannes vom Sinai (Anm. 18) 198, 200f.
[31] Vgl. Tom Holland, Herrschaft. Die Entstehung des Westens, Stuttgart 2021, 152ff.
[32] *Formula Instituti* Nr. 7, in: GT (Anm. 4), 312f.
[33] Jürgen Werner, Die sieben Todsünden, Stuttgart [2]2000, 126.
[34] Dekrete der 31.–34. Generalkongregation der Gesellschaft Jesu, Hg. von der Provinzialskonferenz der Zentraleuropäischen Assistenz, Privatdruck, München 1997, zit. 32. GK, D 2/6.

[35] Ebd., D 4/29.
[36] Ebd., D 12/3.
[37] Werner (Anm. 33) 69.
[38] Zit. nach Anselm Grün, Der Umgang mit dem Bösen. Der Dämonenkampf im alten Mönchtum, Münsterschwarzach 1979, 36.
[39] Evagrios Ponticos (Anm. 13) 48.
[40] Heiliger Johannes vom Sinai (Anm. 18) 150.
[41] Johannes Cassian (Anm. 19) 188.
[42] Vgl. Werner (Anm. 33) 56.
[43] Klaus Mertes, Zorn, Zorn und Zorn, in: Geist und Leben 3/2018, 226-231.
[44] Aviad Kleinberg, Die sieben Todsünden. Eine vorläufige Liste, Berlin 2010, 66.
[45] Evagrios Ponticos (Anm. 13) 60; 62. Mit dem ununterbrochenen, aber kurz gefassten Gebet spielt er auf das viel praktizierte Herzensgebet an.
[46] Johannes Cassian (Anm. 19) 225.
[47] Heiliger Johannes vom Sinai (Anm. 18) 163f.
[48] Werner (Anm. 33) 201.
[49] Ebd. 212.
[50] Johannes Cassian (Anm. 19) 210; Cassian verweist auf 1 Thess, bes. 4,11.
[51] Evagrios Ponticos (Anm. 13) 1363f.
[52] Johannes Cassian (Anm. 19) 229.
[53] Heiliger Johannes vom Sinai (Anm. 18) 217.
[54] Erasmus von Rotterdam, Handbüchlein des christlichen Streiters. *Enchiridion militis Christiani*, Münsterschwarzach 2015, 179.
[55] Luis Gonçalvez da Câmara, Memoriale, Erinnerungen an unseren Vater Ignatius, MS, Frankfurt 1988, Nr. 182. »Gesellschaft« meint die Gesellschaft Jesu, den Jesuitenorden.
[56] Stefan Kiechle, Gott die Ehre. Kurze Theologie der ignatianischen Exerzitien, Würzburg 2021, 19.
[57] Mit dieser nicht direkt biblischen Erzählung wird der Ursprung des Bösen mythologisch erklärt. Auch der Islam kennt diese Lehre: Nach dem Koran habe Gott bei der Erschaffung des Menschen den Engeln befohlen, sich vor dem Menschen niederzuwerfen. Weil der Engel Iblis das verweigerte, wurde er von Gott verworfen und zum Satan. Die Sufis deuteten das so, dass Iblis eine so exklusive Liebe zu Gott hatte, dass er keine anderen Wesen verehren wollte – damit war Iblis gleichsam monotheistischer als Gott selbst, er ist

»Opfer von Gottes Ratschluss, ein unschuldig Verurteilter und Märtyrer der Liebe«. Vgl. Navid Kermani, Jeder soll von da, wo er ist, einen Schritt näherkommen. Fragen nach Gott, München 2022; zit. 134.

[58] Nach der traditionellen Erbsündelehre, eng verstanden, meinte die Kirche über Jahrhunderte, die Sünde werde im Sexualakt weitergegeben. Daher verteufelte sie alles Sexuelle grundsätzlich, und sie duldete Sex nur, wenn er in der Ehe der Kinderzeugung diente. Die problematischen Folgen sind bekannt.

[59] Werner (Anm. 33) 148.

[60] Neue geistliche Bewegungen haben oft charismatische Gründer. In den letzten Jahren wurde, v.a. in Frankreich, bei einigen von ihnen massiver Missbrauch aufgedeckt: geistlicher Missbrauch, Machtmissbrauch, sexueller Missbrauch. Hier kann man diese alte Sündenlehre fast in Reinform studieren: Ein absurder geistlicher Hochmut (»Ich bin erwählt, bin Christus«), autoritäre Führung, finanzielle Korruption, Luxusleben, Zornesausbrüche, spirituelle Übergriffe, sexuelle Ausbeutung von Novizinnen, Personenkult … Vgl. Céline Hoyeau, La Trahison des Pères, Paris 2021.

[61] Heiliger Johannes vom Sinai (Anm. 18) 221f.

[62] Vgl. Stefan Kiechle, Kreuzesnachfolge. Eine theologisch-anthropologische Studie zur ignatianischen Spiritualität, Würzburg 1996.

[63] Beispielsweise in EB 351 oder im Brief an Teresa Rejadell vom 18.6.1536; in: BU (Anm. 9) 22-28.

[64] Abgedruckt u.a. in: https://gedankenwelt.de/die-7-gesellschaftlichen-suenden-nach-gandhi/

[65] https://ethica-rationalis.org/die-7-digitalen-todsuenden/

[66] Werner (Anm. 33) 62f.

[67] Anton Bucher weist darauf hin, wie man Todsünden biographisch, in Lebensabschnitten verorten kann; vgl. Anton Bucher, Geiz, Trägheit, Neid & Co in Therapie und Seelsorge. Psychologie der 7 Todsünden, Berlin/Heidelberg 2012, 10f.

In der Reihe »Ignatianische Impulse« sind bisher u.a. erschienen:

Band 2: Stefan Kiechle, Sich entscheiden
Band 4: Heiner Geißler, Glaube und Gerechtigkeit
Band 6: Klaus Mertes, Verantwortung lernen
Band 13: Stefan Kiechle, Macht ausüben
Band 18: Christian Herwartz, Auf nackten Sohlen
Band 22: Peter Balleis, Leidenschaft für die Welt
Band 34: Stefan Kiechle, Spielend leben
Band 39: Klaus Mertes, Widerspruch aus Loyalität
Band 47: Stefan Kiechle, Warum leiden?
Band 54: Hans-D. Mutschler, Gemeinsam mehr von der Welt wissen
Band 67: Stefan Kiechle, Grenzen überschreiten
Band 80: Christa Baich / Dorothea Gnau / Christine Klimann, Wenn wir an Grenzen kommen
Band 81: Vitus Seibel, Wer ist dein Gott
Band 82: Bernhard Waldmüller, Führen sich und andere
Band 85: Josef Bill, Staunen
Band 90: Willi Lambert, Exerzitien das Leben beleben
Band 91: Fabian Moos, Der Zukunft eine Zukunft geben
Band 94: Hannah A. Schulz, Bei euch soll es nicht so sein!

Klimaneutral
Druckprodukt
ClimatePartner.com/12514-2302-1002

Der Umwelt zuliebe verzichten wir bei unseren Büchern auf Folienverpackung.

Bibliografische Information der Deutschen Nationalbibliothek

Die Deutsche Nationalbibliothek verzeichnet diese Publikation in der Deutschen Nationalbibliografie; detaillierte bibliografische Daten sind im Internet über <http://dnb.d-nb.de> abrufbar.

www.echter.de
Druck und Bindung: Friedrich Pustet, Regensburg
ISBN
978-3-429-05861-6
978-3-429-05255-3 (PDF)
978-3-429-06604-8 (ePub)